数字化客户管理

数据智能时代如何洞察、连接、转化和赢得价值客户

·史雁军 著·

清华大学出版社

北京

图书在版编目（CIP）数据

数字化客户管理：数据智能时代如何洞察、连接、转化和赢得价值客户/史雁军著.
—北京：清华大学出版社，2018（2023.8重印）

ISBN 978-7-302-49875-9

Ⅰ．①数… Ⅱ．①史… Ⅲ．①企业管理－销售管理－数字化 Ⅳ．①F274-39

中国版本图书馆 CIP 数据核字（2018）第 052519 号

责任编辑：王金柱
封面设计：王　翔
责任校对：闫秀华
责任印制：宋　林

出版发行：清华大学出版社
　　　　　网　　　址：http://www.tup.com.cn，http://www.wqbook.com
　　　　　地　　　址：北京清华大学学研大厦 A 座　　　　邮　　　编：100084
　　　　　社 总 机：010-83470000　　　　　　　　　　邮　　　购：010-62786544
　　　　　投稿与读者服务：010-62776969，c-service@tup.tsinghua.edu.cn
　　　　　质量反馈：010-62772015，zhiliang@tup.tsinghua.edu.cn
印 装 者：三河市铭诚印务有限公司
经　　销：全国新华书店
开　　本：170mm×230mm　　印　　张：17.5　　字　　数：341 千字
版　　次：2018 年 6 月第 1 版　　　　　　　印　　次：2023 年 8 月第 8 次印刷
定　　价：59.00 元

产品编号：072993-01

内 容 简 介

本书介绍客户管理的数字化运营模式与数据应用方法，结合丰富的商业案例，阐述了作者在客户管理领域的深刻见解，为读者开启数字化客户管理的系统性思维。

企业的数字化转型必将从以产品和渠道为中心转向以客户为中心的经营。客户管理是以客户为中心的战略经营，涵盖识别、选择、转化、发展和维系客户关系的全过程，在企业构建连接、交互、服务、营销和经营客户的能力方面发挥重要作用。

数字化商业以移动互联、大数据与云计算为基础，数据成为最具价值潜力的资源。如何有效识别数字化客户？如何洞察客户的行为和价值？如何与客户发起数字化互动？本书提供了系统的数据思维方法和行动方案。

本书全面探讨了数字化客户管理的五个关键环节：

- 如何建立数字连接

- 如何促成用户转化

- 如何传递卓越体验

- 如何赢得客户忠诚

- 如何经营客户价值

数字化技术以不可逆转的进程变革着商业社会，驱动着行业创新和重新布局，不断创造出新的业务、产品和市场，客户资产成为影响市场价值的关键因素之一，企业必须在产品创新和客户经营两个方面都表现出色才能在数据智能时代脱颖而出。

如果你想学习如何创造和赢得价值客户，本书定会让你有所收获。

推 荐 语

　　首次与史雁军老师合作大概在十多年前，通过对基础数据库的挖掘，帮助我们更深刻、更准确地了解了客户需要及行为模式，有效提升了客户数据应用的有效性。

　　随着社会的发展，客户需求日益多样化，企业也越来越认识到客户数据对业务决策的重要性，通过数据的厘清、分析和挖掘，更前瞻地了解客户需求、预测客户行为及想客户所未想，只有这样，才能在每一个客户接触点的互动中，给客户创造惊喜，通过极致的体验建立持续的客户信任关系及对企业的价值贡献。

　　史老师的《数字化客户管理：数据智能时代如何洞察、连接、转化和赢得价值客户》一书，从最源头的客户需求分析出发，完美诠释了大数据对客户忠诚度贡献的价值，而史老师本人在大数据的洞察力及多年实践经验，更是将理论与企业落地进行了无缝地对接，必将给未来的探索者和实践者带来最实际、最有力的帮助。

中信银行信用卡中心总裁助理·史红新

与史雁军先生相识有 8 年了，他对客户管理和大数据时代的深入思考和敏锐洞察，每每让我赞叹不已。《数字化客户管理：数据智能时代如何洞察、连接、转化和赢得价值客户》一书更是带来满满的惊喜与感动。书中凝结了他多年来的研究经验和创新实践，不仅展现了在这个数字化的时代，客户管理的发展方向，更提供了实现路径，是一本值得我们反复研读并且作为行动指引的好书。

国泰君安证券财富管理部总经理·李可柯

与雁军先生相识已久，数次深谈受益颇多。雁军先生对客户服务，不论是理论，还是实践，以及之间的逻辑关系和发展趋势，信手拈来，自成体系，浑然天成。数字化时代的客户服务转型，即是全球性课题，又是各企业无法逃避的困惑。雁军先生再次站在革新前沿，以大量翔实案例解剖数字化服务，为从事客户服务的专业人士多视角、全方位地解难答惑，引领了我国数字化客服研究的风潮。

中国人保财险国际业务部副总经理·许克峰

客户关系管理一直是数据分析领域占比最大的一块，甚至超过在金融领域的应用。数字化市场是数字经济时代最显著、发展最快的部分。企业客户和个人客户实现了互联网化、无线移动化、多媒体化，数字化营销就成为了最强的综合性营销手段。史雁军通过多年在这个领域的经验积累，完成了这本《数字化客户管理：数据智能时代如何洞察、连接、转化和赢得价值客户》，其很好地诠释了数字化时代的客户管理的内涵，为全渠道数字化营销提供指导。在这个数字经济蓬勃发展的时代，是一本难得的好书，特向大家推荐。

SAS 中国研发中心总经理·刘政博士

航空公司是最早开始使用大数据来分析旅客、提高收益的行业之一，多舱位歧视性定价、收益管理系统、常旅客计划、航班超售等举措都是基于对旅客消费行为和消费习惯的统计分析。在"流量为王"的时代，任何企业都必须将客户牢牢地抓在自己手上，航空公司也需要更加直接地面对旅客。如何通过数字化的手段来吸引旅客、分析旅客、维护旅客、挖掘旅客的价值，相信史雁军先生的新作将给我们更多的启发。

东方航空人力资源部总经理·林毅

我一口气读完了雁军的新作《数字化客户管理：数据智能时代如何洞察、连接、转化和赢得价值客户》，很有感触，收获颇多。的确，信息技术的发展正在迅速地改变着人们的生活方式和企业为人们提供产品或服务的生产方式，而数字化技术的发展则在推动这种变革的不断深化。

这本书能够帮助我们更加透彻地理解社会经济环境的这些变革，了解云计算、智能连接和大数据等新的技术工具如何改变着传统的客户管理方式和方法，同时能够帮助我们掌握一套在当前环境下应用数字化技术实施客户管理的完整的流程，包括识别目标客户，预测客户行为，建立客户信任，赢得客户购买，交付优异体验，赢得客户忠诚，以及获得长期价值。

清华大学中国企业研究中心主任·赵平教授

产品时代，质量就是产品，最好的服务是不需要服务；后产品时代，服务就是产品，产品就是服务。现在，信息化浪潮已经开始重构产业的门类和生态，甚至重新定义了产品、服务、需求、价值等这些经济学要素。

一如既往，科学技术的进步和对人性与社会的洞察驱动了这一轮商业大变革。与以往不同的是，"数据"不再只是状态，而是以数字化工具和数字化思维的形式，成为商业活动的方式和方法。而且，是经典的、基础性的方式和方法。

"以客户为中心"无疑有了新的视野，新的工具，新的路径。这是一个新的复杂领域和学科。那么，就用战略和战术的思维，解构复杂问题，变得简单点，再变得更具体点。在我看来，这就是《数字化客户管理：数据智能时代如何洞察、连接、转化和赢得价值客户》的价值。

首都机场集团战略发展部总经理·郭峰

任何商业活动的本质不外乎：精准触达潜在客户，将他们转化为真实客户，服务好这些客户，让他们成为忠实的回头客户，并让他们自愿用口碑为你赢得更多客户。你想知道如何在数字化时代低成本高效率地实现这一切吗？读这本书，它会让你事半功倍。

上海高级金融学院客聘教授、迅雷金融 CEO·胡捷博士

在数字时代，企业只有将客户的利益放在首位，把为客户提供卓越的产品与服务作为重点战略并落地实施，才能赢得市场、赢得客户的忠诚。客户体验已经成为企业核心竞争力的一部分，好体验能为你赢得客户，差体验却相反赶走客户。构建优质的体验，不仅需要向外看，关注客户需求、理解客户行为；也需要向内看，关注企业的运营团队协同和体验交付能力。速度（Speed）、简单（Simple）、无缝（Seamless）、智慧（Smart）、惊喜（Surprise），是史老师带领的团队研究提出的 5S 数字化体验原则，按这 5S 原则来描绘客户体验蓝图、设计客户体验旅程，在影响客户体验的每一个 MOT 做出优化，相信会在数字时代激烈的市场竞争中胜出。

中国银联客户服务中心主任·赵喆军

当你正关注着竞争对手的动向时，殊不知你也许正被看不见的对手跨界颠覆。在这个变幻莫测互联网时代要保持企业的可持续性发展，必须莫忘初衷，那便是"以客户为中心"。史老师这本书带给我们深深的思考，如何"赢得客户？"建立以大数据为基础的客户画像，打造并经营全渠道客户连接网，创建数字化客户体验管理中心，从而更精准地预测客户行为，赢得客户充分信任和依赖，创造更高的客户价值。

滴滴出行客服副总裁·黄金红

赢得客户是商界永恒的话题，大数据时代赋予了它新的思想方法和工具手段，使产品或服务的提供商可以从内涵和外延两个方面重新看待与客户的关系、重新定义自己的产品。"言之有据"是数据时代的特征。过去用经验来指导的客户服务，现在完全可以数字化数据化。用数据来敏锐地发现客户、入微地洞察客户、友好地连接客户、自然地转化客户等等，一切用数据来指导客户服务工作。

清华大学数据科学研究院执行副院长·韩亦舜教授

前　言
PREFACE

　　过去五年里，中国以全球无可匹敌的速度经历了互联网快速发展带来的巨大变化。中国形成了以在线零售、移动互联、社交网络、数字支付、云服务等新一代基础设施，带动互联网服务相关的社会商业和生活消费领域发生了翻天覆地的深刻变革。与此同时，中国拥有全球数量规模第一的互联网用户群体，在互联网服务更加重视体验和价值的影响下，"用户"和"客户"这样的词语也越来越多地为企业和消费者所提及。

　　由于从事咨询的缘故，经常有机会与企业最优秀的管理团队一起工作，探讨数字化技术和商业模式创新带来的社会经济和市场环境变化，共同定义把握市场机遇、创新业务经营和优化运营管理所面临的关键问题，思考和设计如何兼顾客户、企业、员工和投资者各方利益的解决方案，执行和指导有助于市场、管理和运营绩效改善的具体行动。

　　提出"以客户为中心"的企业并不在少数，尤其是定位于服务广泛消费者群体的行业，几乎无一例外都将客户视成企业成功的重要因素，但是大多数企业并没有形成如何以客户为中心的清晰规划和系统化的方案来指导日常的客户管理行动。更重要的是，许多管理者对于数字化带来的影响认识不足，没有应对数字化转型的清晰对策，不知如何规划、建设和持续投资于数字化基础设施和核心服务能力，中层管理者往往忙于应付以部门为单位的各种考核，无暇在业务管理和日常运营中顾及客户的利益。

本书的第一个目的就帮助你**建立以客户为中心的思维**，指导你如何将客户的利益置于决策的中心，如何将目标聚焦于客户的成功，从客户的需求出发来定义你的业务策略，指导你以客户为中心优化你的经营管理和运营计划，开展可持续创造商业价值的行动。

转向以客户为中心的经营

以客户为中心的产品和服务正在重塑商业的经营

全球最大的玩具及婴幼儿用品专门零售商玩具反斗城（Toys "R" Us）于2017 年 9 月 18 日在美国新泽西州申请破产保护。创立于 1948 年的玩具反斗城在全球拥有超过 1600 家店面和约 7 万名员工，在经营了 69 年后走向没落。玩具反斗城的与众不同之处是通过应有尽有的玩具品牌为客户和购物者提供"喜出望外"的体验。玩具反斗城提供更多更全的玩具和婴幼儿用品品种，独家发售的玩具品牌，独特的店面设计和主题氛围、商品示范、试玩以及各种娱乐活动等。

有人说杀死玩具反斗城的是在线零售对实体店面在购物方式上替代以及电子游戏对实体玩具在娱乐方式上的替代。事实上传统玩具市场并没有萎缩，依然在平稳增长，变化的是客户对玩具的体验以及购物者购买玩具的场所。同样面临挑战的玩具生产商乐高，在市场上依然高歌猛进，无论市场价值还是品牌声誉都收获了连续十余年的强劲增长。本书第一章探讨了乐高如何回归让客户成为战略焦点的本源，成功实现客户中心化，创造了市场经营绩效连续十几年的增长。

不可逆转的数字化转型

数字化正以不可逆转的方式快速变革着世界

连接、数据、云计算、人工智能等数字化科技成为产业创新越来越重要的影响因素，驱动着社会经济、商业环境以及企业的业务、产品和服务发生着根本性变革。面对数字化转型的浪潮，几乎没有哪一个行业能够置身其外，不同的行业只是数字化转型的规模和速度有所不同。

数据成为数字化时代的生产资料

一方面，智能设备的普及和业务数字化的过程产生了大量的数据，数据变得更加丰富和容易获得；另一方面，消费者以数字化用户的方式参与到数字化过程中，无论是客户的身份识别和社会属性特征，还是交易决策和交互行为都数字化了。企业从整体上会变得更加依赖数据驱动，应用数据产生的洞察力，在资本市场上追求更有利可图的投资机会，在市场营销上优先识别更加关键的目标客群，在业务经营上重点改进能够促进绩效提升的关键环节。在这样的情况下，数据成为新一代商业决策和差异化客户经营最重要的战略资源。

从客户视角来看，人工智能即服务

服务在数据的驱动下变得更加智能，也能够通过数据应用优化业务交付和交互给用户带来更好的体验，同时，更加智能的数据应用也促进整个组织变得更加创新，让运营流程变得更加自动和高效。

共享经济模式与交通出行业的结合，就应用了云计算、大数据和人工智能技术，结合移动互联环境下的社会出行场景，向人们提供智慧交通出行的综合解决方案。滴滴出行能够从海量、多维度的数据里面，将来自出行请求、导航信息、交通状况、天气状态等数据源里的数据汇总在一起，挖掘、分析出最有价值的信息，提出出行调度、管理、决策、建议、预判等可执行的行动指引。

不仅腾讯、阿里、百度、京东、滴滴这样的网络科技公司将应用机器学习的人工智能作为下一阶段的超越性技术进行重点投入，金融、交通、医疗、能源等行业也主动应用数字化科技来提升服务和运营的智能化水平，开发兼顾商业需求和客户价值的解决方案。

本书始终贯穿数据思维，帮助你深刻理解数字化用户识别、洞察和互动上面临的挑战，指导你如何建立数字化客户管理的数据基础设施和决策分析支撑，帮助你实现更加精准的客户识别，更全面地理解客户行为、更实时地预测客户价值，以及采取更切合客户生命周期的互动策略。

这是本书的第二个目的。

数字化连接正重构世界

互联网创造了新的连接，连接重构了我们的世界。起初的互联网只是社会经济和人们生活的附属物，现在人们逐渐成为移动互联网的 部分。脸书和微信的社交网络连接了全球数十亿计的人们；谷歌不生产手机，通过开放源代码的安卓系统，让全球超过 40 亿部手机互联；阿里巴巴不生产有形产品，但它连接了全球千万级的商家和数以十亿计的买家；优步没有一辆出租车，但它连接了全球 600 多座城市的数千万名司机和十亿计的乘客。

未来将有更多的设备接入互联网。预计到 2030 年，将有超过千亿的设备接入互联网。持续增长的连接创造出越来越多的应用场景，同时产生呈指数级增长的、能够实时更新的数据，在人工智能和云计算技术的赋能下不断强化着场景的连接，持续优化着场景的服务和体验。

迎合新兴的 YWN 客户族群

数字化的发展带来了新的商业环境，创造出新的产品形态，产生了新的服务生态，形成了新兴客户族群。YWN（youth, women, netizen）群体无疑是最具影响力的新兴客户族群，分别代表着年轻族群、女性族群和网络族群。

成长于数字化时代的年轻消费者，他们的行为特征和消费习惯明显不同于年长的消费群体。80 后群体成长于语音通信快速发展的时代，他们有着对传统生活的记忆，对电话的情感和依赖高于其他群体；90 后群体成长于互联网发展的早期，他们习惯了利用网络获取信息和在线进行电子商务；00 后群体的成长伴随着移动互联网的高速发展，他们的世界从一开始就是数字化的，他们依赖甚至沉迷于社交网络。

女性族群的消费决策行为受数字化的影响很大。一方面，数字化带来丰富多样的产品选择，女性群体受此影响变得更加挑剔；另一方面，数字化商务以视觉、视频等更丰富的新媒体内容更频繁地传递着促销刺激，促进了女性群体产生更多冲动的消费决策行为。这些变化极大地影响了品牌面向女性消费群体提供产品与服务的营销运作。

网络族群的工作和生活高度依赖互联网，他们习惯了在线获取信息，通过网络购买产品和服务，离不开社交媒体。人们通过社交网络连接起来，在网络上相互交流和发出声音，形成越来越大的社会影响力，人们彼此之间也相互影响。尼尔森公司 2015 年针对 60 个国家的一项研究表明，在最受信任的广告来源中，83% 的人们更相信朋友和家人，66% 的人们更关注其他人在网络上的评论。来自社交媒体的内容和用户评价对于网络族群的影响力在不断增加。

应用数字化方式管理和经营客户

数字化技术应用的普及驱动着企业的数字化转型，在新兴数字化用户的消费和社交行为变化的影响下，企业向客户提供产品和服务的方式也在不断发生变化。本书系统化地介绍了数字化客户管理的五个主要步骤：

（1）建立数字连接。连接不仅产生数据，更承载着用户行为和未来交互机会，理解不同连接渠道的特点、数字化连接的不同模式、连接的核心要素以及平台型数字化连接带来的价值，有助于在你和你的客户之间建立更有效的全渠道连接。

（2）促成用户转化。数字化客户的购买转化不再是线性的决策过程，理解和掌握数字化客户决策的互动周期模型，有助于你选择适合的营销转化模式，运用相应的数字化营销转化工具，促进产品、服务或内容的转化率的不断提升。

（3）传递卓越体验。与实体环境相比，体验对数字化客户的转化影响更大。数字化客户更加注重服务的速度，喜欢更简单、便捷的交互，偏好喜出望外的直接刺激，期望你的服务始终保持一致，以及能够体现数字化时代的技术特征。

（4）赢得客户忠诚。数字化忠诚计划要能够给客户带来荣耀感、参与感和责任感，从注重奖励不断演进为更加注重数据的积累和客户的互动，本书帮助你系统化地理解数字化忠诚计划的特征，以及如何有效衡量忠诚计划的成功运营。

（5）经营客户价值。智力资本在决定企业市场价值的要素中越来越重要，建立起客户生命周期价值经营的策略思想，在经营中更加关注客户的赢利性，采取适合的策略建立和发展客户关系，从而提升客户资产份额和客户资产价值。

这是一本指导你掌握数字化客户管理方法并指导应用实践的书，更重要的是，书中以系统化的框架传递了客户价值管理思维并以大量案例呈现了数字化客户管理的最佳实践，指导你制定更切合实际的客户策略，并应用更适合的客户管理方法来实现建立客户连接、促成用户转化、传递卓越体验、赢得客户忠诚以及持续经营客户价值的目标。

这也是笔者写作本书的第三个目的。

要想了解更多关于客户管理的知识和资讯，请在线访问客户管理网

http://ccmclick.com

也可以在微信上关注公众号"客户管理网"，或者可以直接在微博上实名联络笔者。

史雁军

2017 年 11 月

目 录
CONTENTS

第 1 章　客户的时代　\\1

拥抱客户的时代　\\2

客户时代的三个驱动力　\\3

乐高转向客户驱动收获强劲增长　\\5

让客户成为战略的焦点　\\11

客户管理成为企业发展的核心能力　\\13

数字化客户管理　\\18

第 2 章　数字化：颠覆已至　\\21

数字化的世界　\\22

数字化的演进与发展　\\24

数字化时代的三个技术驱动力　\\29

消费者产品和服务正在数字化　\\33

数字化带来的行业变革　\\34

数字化客户管理的基础　\\39

第 3 章　识别：建立客户画像　\\40

数字化世界的通行证　\\41

客户画像为什么如此重要　\\42

客户画像的作用　\\43

如何给你的客户画像　\\44

金融投资者的画像　\\50

移动用户画像应用　\\52

社交用户画像应用　\\54

了解你在客户眼中的画像　\\55

客户画像数据的来源　\\56

客户画像数据收集的原则　\\59

客户画像数据收集的渠道　\\60

个人信息安全与隐私保护　\\61

个人数据隐私管理的基本原则　\\63

第 4 章　洞察：预测客户行为　\\66

只有少数有价值的信息值得分析　\\67

客户洞察分析的 SMART 方法　\\68

客户分群：管理客户的组合　\\72

三种典型的分析模型　\\77

第 5 章　互动：创造客户信任　\\93

数字化分析的变化　\\94

在每一个渠道创造卓越的互动　\\97

关注数字化环境下的客户旅程　\\98

第 6 章　连接：全渠道接触　\\112

连接为社会赋能　\\113

连接渠道的发展　\\113

多渠道到全渠道连接　\\121

以客户为中心的数字化连接　\\124

移动连接改变用户行为　\\126

连接至上的平台时代　\\\\127

连接的四个核心要素　\\\\130

第 7 章　转化：赢得第一次购买　\\\\132

零售店面的购买转化过程　\\\\133

在线零售的购买转化过程　\\\\136

数字化营销转化工具　\\\\139

典型的数字化用户转化模式　\\\\150

第 8 章　体验：制胜的关键　\\\\156

认识客户眼中的体验　\\\\157

体验为什么如此重要　\\\\161

数字化环境的体验特征　\\\\163

数字化体验的 5S 原则　\\\\166

重新思考速度　\\\\168

简单，以人为本　\\\\171

无缝一致性体验　\\\\172

智能化体验　\\\\173

创造惊喜　\\\\176

描绘客户的体验旅程　\\\\178

让客户的想法驱动体验　\\\\181

体验的衡量　\\\\184

第 9 章　忠诚：赢得客户的信任　\\\\187

忠诚客户的特征　\\\\188

不受关注的客户选择离开　\\\\190

相似的客户，不同的贡献　\\\\191

倍受欢迎的星享俱乐部　\\\\193

忠诚计划的作用　\\\\195

忠诚计划的四个价值目标　\\197

忠诚计划的三个驱动因素　\\199

忠诚计划发展的三个阶段　\\200

数字化忠诚计划的特征　\\211

忠诚计划带给客户的三个关键感知　\\213

衡量忠诚计划运营成功的五个方面　\\217

第 10 章　价值：可持续客户经营　\\220

赢得客户终生价值并非易事　\\221

新经济时代的价值　\\222

重新思考营销：基于客户关系的价值经营　\\224

建立关注客户的指标　\\236

第 11 章　未来：数字时代的智能化　\\238

影响未来变革的技术驱动力　\\239

模糊的数字化企业边界　\\242

移动互联消费族群　\\244

个人数据应用前景　\\246

个人数据应用生态　\\248

智能化服务与营销　\\249

参考文献　\\255

客户的时代

- 拥抱客户的时代
- 客户时代的三个驱动力
- 乐高转向客户驱动收获强劲增长
- 让客户成为战略的焦点
- 客户管理成为企业发展的核心能力
- 数字化客户管理

"企业面对的最大挑战不再是竞争对手，而是客户。"

—— Faisal Masud, CDO, Staples

拥抱客户的时代

从 1925 年英国工程师约翰·贝尔德发明第一台电视机到现在已经 90 多年了，电视机划时代地实现了远距离传递视觉信息。毫不夸张地讲，电视机伴随着大多数现代人的一生，不仅改变了人们获取信息的方式，还改变了人们生活和思维的方式。

还记得以前如何收看电视节目吗？每个电视频道都有一个预先排定的播出时间表，电视台按照这个时间表播出节目，人们再按照这个时间表收看节目。如果错过了播出时间，就只能等待重播；如果担心错过好节目，就要早一点坐在电视机前面等待播出。现在的电视台绝大多数还是按照固定的时间表播出节目的，不同的是最初只能收看有限的几个频道的节目，现在可以轻易收看数百个频道的电视节目。

我已经有很多年不怎么看电视节目了。和许多都市里的年轻人一样，我订阅了一家主流视频内容提供商的服务，内容提供商直接把最新的节目和我设置的感兴趣的内容推送到我的用户账号，只要打开平板电脑上安装的应用程序就可以随时观看。我可以选择从节目的任何时间开始，不需要像以前那样等待播出时间，也少了那些扰人的广告。我还可以看到其他人的评论，这些评论会引导我选择感兴趣的视频内容。我偶尔也会参与讨论，发表自己的意见。电视里肯定也有不少值得收看的节目，只不过我已经不适应那种按照预定的时间表收看节目的方式了。在信息爆炸的时代，我们比以前更需要高质量的内容来充实生活、扩展信息来源，但我更希望能够主导这个过程。

以前，你担心错过好节目；现在，好节目担心错过你。以前，电视台关注频道收视率；现在，他们关心内容点播量。在这个时代，节目就在那里等着你去浏览、欣赏，媒体运营商更愿意直接将最好的节目推荐给你。内容取代频道重塑了在媒体渠道传播中的价值，你再也不用关心节目播出时间表了，再也不用忍耐那些毫无意义的等待，只要找到自己喜欢的节目就可以随时开始观看。需要坐在电视机前面等待节目播出的时代已经一去不复返了。

这是一个需要主动拥抱客户的时代。对于我们来说，这是"我的时代"的到来，人成为被关注的焦点；对于企业来说，这是一个以客户为中心的时代，企业面对的最大挑战不再是竞争对手，而是如何赢得客户的关注。

客户时代的三个驱动力

客户、技术和服务的变化是驱动客户时代到来的三个重要因素。

客户的变化

互联网带来了信息的透明化，数字化促进了社会效率的提升。客户作为市场要素的主体之一，正在发生这样一些变化：

■ 客户知识来源的极大丰富。受益于互联网带来的更高效的信息传播，人们不仅能接触和掌握更丰富的信息和知识，还可以应用互联网工具随时搜索和获取信息。人们变得比以前更加有智慧，这打碎了以往市场信息不对称的格局。

- 客户与客户之间的连接。社交网络实现了人与人之间的数字化连接，人们通过社交网络极大地拓展了关系连接，可以互通信息、交流思想、相互学习，同时形成了一个又一个实时在线的社交网络族群。

- 客户比以前更有影响力。人们成为了网络的一部分，可以从网络上获取信息，也可以向网络传递信息。即使是被忽视的群体，通过互联网连接起来也能产生巨大的影响力，从近几年发生的一些重要社会事件，不难看出网民前所未有的影响力。

技术的变化

数字技术的应用和渗透造就了当今世界最伟大的商业奇迹，人们已经看到了数字技术与传统商业结合带来的巨大成长性。数字技术创新型企业往往因为业务的高速增长和极具成长性的市场空间，在还没有获得盈利时就赢得了风险投资和资本市场的追捧。

数字技术带来的重要变化有以下几个方面：

- 大连接。人们通过个人智能移动设备连接互联网，而且永远在线，人与人、人与物、物与物也可以通过互联网连接起来。思科公司估计到 2020 年将有超过 500 亿个设备接入互联网，现实世界中的设备最终 99%都会变成网络的一部分。

- 云计算。连接的设备产生的数据在迅速增长，接入互联网的设备以自动化的方式产生了海量数据，直接促进了云计算技术和云服务模式的快速发展。未来的产品、服务和营销大部分都将实现基于云计算基础设施的数字化服务。

■ 智能化。可穿戴技术、智能终端、智能传感器等智能化设备正快速渗透
  到人们生活的每个角落。人工智能正以前所未有的态势而来，随着深度
  学习技术的发展和突破，能够在语音识别、语义分析、智能服务、风险
  监控等领域实现更智能化的商业应用。

服务的变化

服务的变化在以下三方面体现得越来越明显：

■ **服务的数字化**。庞大的在线网络消费族群对产业形成了巨大的吸引力，
  产业纷纷向消费者提供数字化的产品，消费者之间的社会化连接为消费
  者带来了与日俱增的选择权与话语权，数字化服务将带来更加高效和便
  捷的客户体验。

■ **产业服务的重构**。数字化模糊了产业的边界，所有产业都将被重新塑造。
  正如优步（Uber）带给交通出行领域的变化，作为行业的新进入者，优
  步带来了全新的产品设计和服务形态，促进产业中的组织积极地进行产
  品创新和服务升级。

■ **服务文化的变化**。客户拥有前所未有的选择权和网络影响力，企业在处
  理与客户之间的争议时变得越来越谨慎，原先产品至上的文化开始向客
  户至上转变，首先从服务业开始，逐渐影响到几乎所有产业。

乐高转向客户驱动收获强劲增长

乐高（LEGO）集团是 1932 年创立于丹麦的一家私营家族企业，作为工业

时代发展起来的全球领先的玩具制造商，至今已经有 80 多年的历史。

　　乐高曾两次被命名为"世纪玩具"（Toy of the Century）。乐高积木是非常受儿童喜爱的塑料积木玩具，在 75% 的美国家庭和 80% 的欧洲家庭里都能找到供孩子们玩的乐高积木。乐高积木有 1300 多种形状，每种形状有 12 种不同的颜色，可以动手拼接出数不胜数的造型。

　　自创立以来，乐高以富有想象力和创造性的拼插玩具产品成功地向世人证明了寓教于乐的产品理念。20 世纪 80 年代，乐高将产品线延伸至教育领域，成立了独立的教育产品部门，专门开发了供学校、幼儿园和早教机构使用的一系列产品，如图 1-1 所示。

图 1-1　乐高的产品线

世纪之初，经营陷入困境

20 世纪末，由于电子游戏的出现，几乎所有玩具厂商都受到了冲击，乐高也不例外。有研究显示，三分之二的孩子被新奇的电子游戏所吸引，对传统的玩具失去了兴趣。

乐高没有关注那些喜欢动手拼插的孩子，而是错误地关注了那些不喜欢拼插而喜欢电子游戏的孩子。为了与电子游戏展开竞争，乐高认为孩子们会喜欢更丰富的玩具种类和更具有挑战性的主题内容。在这样的产品思维导向下，乐高不断增加新的产品线，同时增加了玩具的难度。在 2000 年前后的短短几年里，乐高每年推出的新产品数量增加了三倍，每年向市场推出了 5 款新的产品主题。

乐高在市场上的热情并没有获得业绩上的回报。不断推出新产品带来了产品成本的大幅上升，导致经营业绩并未因此而得到好转。一度很受欢迎的乐高城市系列产品线在 1999 年还能占到公司营收的 13%，到 2000 年下降到了仅占营收的 3%左右。乐高集团发布的 2003 年年报出现了前所未有的巨额赤字，亏损额高达 2.25 亿美元。

乐高集团这时面临着必须为生死存亡而进行战略调整。

回归本源，客户中心化

乐高集团的所有者兼首席执行官 Kjeld Kirk Kristiansen 迫不得已转变公司的行动计划，于 2004 年 10 月任命 Jrgen Vig Knudstorp 担任集团的首席执行官。

在集团新的首席执行官的带领下，乐高开始回答与客户相关的战略问题：

- 乐高的目标客户究竟是谁？
- 乐高应该向他们提供什么产品和服务？
- 提供这些产品和服务的最佳方式是什么？

为了全面、彻底地回答这些问题，乐高在全球市场展开了历时一年的客户研究和深度市场分析。乐高发现：

- 玩具要有属于孩子的故事情境。孩子们有自己的认知世界，并不一定接受成年人的思维。例如，孩子们心目中的消防车并不是成年人眼中的样子，他们不一定喜欢现实中消防车的样子，他们有自己的想象和认知。
- 孩子们不喜欢复杂的游戏。乐高的设计师乐于挑战，他们以为孩子们也喜欢有挑战性的游戏，他们希望孩子们玩过的游戏不断升级。那是成年人的世界，孩子们喜欢易于突破的挑战，不喜欢太难。在乐趣和挑战面前，孩子们选择前者。
- 孩子们喜欢学到一点小秘诀。如果游戏太过简单，并不能唤起孩子们的乐趣，孩子们很快就会忘记那些毫无挑战的玩具。孩子们喜欢有成就感，他们希望能够从玩具中学到一点小秘诀，能够在小朋友那里炫耀，这会让他们感觉非常自信和满足。
- 不同区域市场的差别很大。乐高"寓教于乐"的理念在大多数市场都很受家长的欢迎，但在日本市场受阻。严谨的日本人认为娱乐就是娱乐，学习就是学习。乐高不得不重新调整日本市场的产品和服务定位，以适应当地的文化和教育理念。
- 未能关注正确的目标客户。传统的玩具商想当然地认为孩子就是目标客户，玩具不是成年人的菜。但是事实上，有相当比例的成年人喜欢玩乐高这样的拼插积木，只是市场上没有专门为他们所设计的产品。

这些针对客户的研究成果让乐高的管理层开始真正地转向理解客户的正确轨道，也深刻认识到理解客户对于战略和经营的重要性。基于这些至关重要的发现，乐高决定回归本源，全面走向客户中心化，聚焦客户的需求，重新定义产品和服务，以客户驱动的战略赢得发展。

乐高迅速采取了以下举措：

■ 简化了产品难度，提升了乐高积木拼插的体验，这让城市系列获得了重生。

■ 将一直忽视的成年玩家作为重要的目标客户群，为他们设计适合的产品。

■ 放弃了部分娱乐产品线，聚焦于那些能够真正吸引孩子们产生乐趣的产品线。

■ 拥抱玩具的数字化时代，开发可编程积木产品线。

■ 建立客户社群，与用户建立和保持持续的互动。

这些聚焦客户的转型举措帮助乐高重新回到了正确的发展轨道，乐高于2005 年重新获得了盈利，并且从此持续了长达 10 年的客户驱动的强劲增长。

客户驱动，实现品牌重生

2006 年，乐高 CEO 发布了使命 2010 的共同愿景，全面聚焦于客户群而非产品，带领乐高公司赢得强劲的业绩增长。

■ 2006 年，乐高正式发布了第二代可编程积木 NXT。

■ 2010 年，针对 3000 余名 20 ~ 40 岁的顾客进行调查，这些顾客普遍认为乐高始终是重要的玩具。

■ 2012 年，乐高在线社区拥有 150 多个用户群，吸引了全球超过 10 万名活跃的成年粉丝。

■ 2012 年，乐高发布了全新的 Lego Friends 产品线，定位于 5 ~ 8 岁的女孩子。

■ 2013 年，乐高发布了第三代可编程积木 EV3。

在这些举措之下，乐高的业绩重回增长的轨道，实现了强劲的增长。

■ 2010 年，收入比 2006 年增长了 105%。

■ 2011 年，在美国市场的营收达到 10 亿美元。

■ 2012 年，收入比 2008 年增长了 166%，几乎相当于 2007 年的 3 倍。

■ 2014 年，发布了增长强劲的 2013 年年报，在不到 10 年的时间里收入增
　 长了 4 倍之多。

■ 2015 年，乐高产品在全球 140 多个国家销售，收入继续保持强劲增长。

乐高集团 2003～2015 年的业绩增长图如图 1-2 所示。

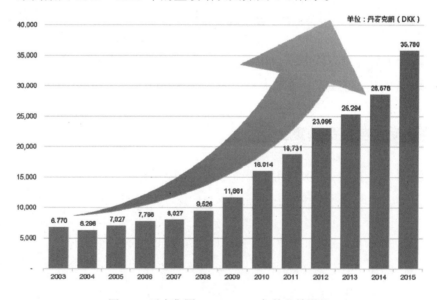

图 1-2　乐高集团 2003～2015 年的业绩增长

乐高集团每年向全球 1 亿名儿童传递乐高体验，为他们带来欢乐。乐高作
为工业时代的玩具产品代表，进入数字化时代仍难能可贵地保持了强劲增长。

2016 年，在总部位于美国纽约的声誉研究所（Reputation Institute）评选的全球最受尊敬的公司榜单中，乐高集团位列第 6 位，这也是乐高第 6 年位列这一榜单的前 10 名。这一榜单由声誉研究所对全球 7000 余家公司进行评估得出，具体的评估涉及建立公司声誉所必须具备的产品与服务、创新能力、工作环境、公司管控、公民意识、领导力和业绩表现这 7 个关键维度的 23 项主要指标。

让客户成为战略的焦点

从乐高最近 10 年来的发展可以看到聚焦客户的战略是如何取得成功的。决策者必须认真回答与客户相关的 3 个战略问题：

- 谁是你的目标客户？
- 应该向他们提供什么产品和服务？
- 如何以最佳的方式交付产品和服务？

为争夺客户而战

如果不能为客户提供需要的价值，企业的战略就不可能取得成功。无论是面向企业组织还是面向消费者提供产品和服务，战略最重要的目标都是如何对客户形成更大的吸引力。

在数字化时代，客户在战略要素中变得更加重要。在主要的消费者产业领域，传统产业的巨头受到了来自互联网科技公司的全面挑战。

- 交通运输业，以客户体验制胜。以携程为代表的互联网公司通过提供整合的出行预订服务体验赢得了巨大的客户市场份额。滴滴出行、优步等出行服务商以共享经济的新模式占据了社会价值的高地，在短短几年时间里赢得了有出行需求的消费者的认同，极大地挑战了传统城市出租行业的主导地位。

- 金融服务业，为争夺客户而战。传统银行面临着互联网巨头和金融科技公司的挑战，零售金融服务首当其冲。背靠互联网巨头的支付宝、微信以及新兴的金融科技公司在消费金融、在线支付、财富管理和小额贷款领域，利用数字化技术带来的低成本优势和便捷体验对传统零售银行和非银行金融机构带来了极大的冲击。

- 零售消费业，数字商务的领先。亚马逊、阿里巴巴、京东等互联网巨头的崛起，极大地挑战了传统的零售行业。进入移动互联时代，互联网电子商务公司的优势更加明显，利用数字化技术带来了透明化和低价格竞争策略，同时提供海量的商品选择和快速的递送体验，在客户关系的竞争上领先于传统零售业。

- 教育科技业，面临颠覆的挑战。不仅以新东方为代表的传统教育巨头正面临着新兴在线教育和移动教育科技公司的挑战，传统的大学教育也受到慕课（MOOC）等新兴互联网教育模式的冲击。在万物互联的趋势下，以提供技术和设备为主的传统科技公司也开始数字化转型，主动连接客户，加入客户争夺的竞争中。

- 公共服务业，下一个竞争高地。公共服务业受益于政府的支持和保护，是为数不多的受互联网科技公司冲击较小的产业。随着数字化技术的进一步渗透，医疗健康行业也将成为下一个竞争的领地，远程诊断、智慧医疗、智能药房、健康保险和慢病管理等领域已经涌现出了大量创新技术和服务应用。

客户管理成为企业发展的核心能力

　　客户管理是企业为了提高核心竞争力，建立以客户为中心的发展战略，开展包括识别、选择、转化、发展和维系客户所需要的全部商业过程。随着数字化技术和移动互联应用的发展，客户管理成为企业和组织参与客户竞争、提升核心竞争力的重心。

　　在这个连接和争夺客户的时代，企业需要恪守 3 个基本的客户管理法则：

- 将客户的利益放在首位。
- 聚焦目标于客户的成功。
- 向客户提供一体化服务。

客户管理法则一：将客户的利益放在首位

　　将客户的利益放在首位意味着企业必须将客户置于战略决策的核心地位，不仅需要主动识别客户，全面理解客户的需求，还要在产品销售和服务交付的战略选择中真正以客户的利益为首要的决策出发点。

　　如果没有做到这一点，或者过于重视企业的利益，就有可能失去客户的信任，甚至面临客户和媒体群起而攻之的局面。富国银行的"账号门"、百度的"医药门"、支付宝的"日记门"等都是这个时代违背这一客户管理原则而引发的商业事件。

虚假账号事件对富国银行的冲击

富国银行以技术创新和交叉销售驱动的内涵式有机增长而闻名于金融业，多年来一直是全球零售银行业极具创新思维的领先者。富国银行是全球市值最大的金融机构之一，也是北美十大市值的上市公司。

美国消费者金融保护局称：在 2011 年起至 2016 年长达 5 年的时间里，富国银行有员工未经客户许可擅自为客户开立虚假的信用卡账户，向客户发送虚假邮件注册网上业务，迫使用户为不知情的信用卡账户缴纳滞纳金等费用。富国银行虚假账户的丑闻涉及面很广，已经被查实的虚假账户多达 200 万个，伪造信用卡 56.5 万张，5000 余名员工牵涉其中。"虚假账户门"事件曝光后，富国银行受到了美国消费者金融保护局、美国货币监理署和洛杉矶检察机构的巨额处罚。

2016 年 9 月 20 日，富国银行董事长兼首席执行官约翰斯坦普在联邦银行业委员会中作证，就该行被查出的 200 万个虚假账户行为向客户和公众道歉。富国银行公开承诺"100%把客户的利益放在首要位置，对于过去客户被强加、未经申请的银行产品行为，我们既愧又悔，承担责任"，并宣布了多条整改措施：

- 聘请独立的第三方机构对 2011 年以来的经营行为进行调查。
- 向未经许可开设账户的客户退还相关费用，并向 1%被调查账户进行补偿。
- 对违背价值观的管理人员和员工解除劳动合同。
- 在团队培训、案件防范和风险控制上加大投入。
- 在绩效考核中加大客户满意度、忠诚度和员工职业操守等相关考核指标的比重。
- 在开立存款账户后一小时内向客户发送确认邮件，在收到客户开立信用卡的申请后实时回复包括申请回单和审批状态等内容的邮件。

■ 从 2017 年 1 月起，停止对大零售业务销售目标的考核。

值得深思的是，以服务著称于零售银行业的富国银行曾经这样讲过："更多的销售不一定带来更好的服务，但更好的服务往往能带来更多的销售"。反之亦然，糟糕的服务不仅无助于带来销售，还会导致大量客户抱怨；而失信的服务不仅会导致大量愤怒的客户流失，还会给企业的诚信和品牌声誉带来致命的冲击。

如果富国银行能从这一事件中吸取教训，交叉销售战略就必须进行转型和调整，回归持续经营的本源——将客户的利益放在首位。

客户管理法则二：聚焦目标于客户的成功

客户成功意味着客户获得了预期的价值。好的销售只是卖掉产品，而好的服务是让客户成功。想要成就伟大的生意，就必须聚焦于客户的成功，而非销售的成功。要想真正赢得客户，就必须将经营目标的重心聚焦于客户的成功，你必须回归本源，回归产品和服务是为客户创造价值的根本。向客户传递真正的价值，能够让你的业务更加持久。

存在就是为了服务客户

信不信由你，谷歌的目标和你的目标是一致的。谷歌的首要目标就是向用户提供最佳和最具相关性的搜索结果，为此不断改进向用户提供的服务。谷歌在任何时候都不想改变用户的搜索计划和初衷，他们希望通过谷歌的服务传递最好的体验。

谷歌存在的意义就是为了服务用户，而非为了哪一项业务。谷歌能够在激烈的互联网竞争中存活下来并非偶然，秘诀就是以用户的成功为目标，不断开发产品和服务来满足用户的需求。即使在没有竞争者的时候，谷歌也公开承诺"不作恶"，并真正努力地做到了这一点。笔者在美国硅谷出差的时候，经常能够听到优步司机、机场工作人员和酒店服务人员对谷歌的赞美之辞，他们发自内心地认为谷歌的服务真正让每一个人都受益。

2017 年 9 月，谷歌的市值达到 6600 亿美元，营收和利润的增长都十分强劲，难能可贵的是，谷歌仍然保持着创业之初的创新精神。

平衡经营目标带来的挑战

并不是每一家企业都能像谷歌那样关注客户成功。大多数上市公司都面临着来自股东和股票市场的各种压力，管理层的首要任务可能是交出亮丽的财务报告，向市场投资者提供丰厚的资本回报。普通投资者首先从企业的季度和年度财务报告中寻找财务相关的数据，他们更加关注企业的业务盈利性和增长速度，与此相比，他们并不是那么关注客户的需求和服务水平。

许多经营者被投资者所左右，他们为投资者服务，从来没有做到真正地以客户为中心，有时甚至不惜伤害客户的利益来换取资本市场的回报。为了增加产品利润，增加一些华而不实的功能，还打出提升性价比的营销噱头；为了控制运营预算，不惜砍掉服务成本，还美其名曰效率转型；为了吸引用户的眼球，做出不能兑现的过度承诺。这些做法或多或少都是为了投资者的成功，而没有以客户的成功为首要目标。

平衡这些经营目标，从中找到客户成功的要素的确是一个战略性的管理挑战。

客户管理法则三：向客户提供一体化服务

在服务经济时代，企业仅依靠核心产品很难取得足够的竞争优势。在提供卓越产品的同时，还必须提供足够优秀的服务赢得客户的认同和取悦客户。苹果公司不仅提供了行业领先的卓越产品，还提供了代表业界最高水准的产品零售和客户服务体验。

你需要向客户提供一体化的服务。这意味着你的产品和服务必须保持同样的水准。不能只提供好产品而没有好服务，也不能试图用服务的殷勤掩盖有缺陷的产品。

一体化的服务

一体化的服务是有形产品、服务、信息、对客户的关怀和其他服务增值要素共同构成的相互整合和协调一致的产品与服务的"集合"。尽管这个集合有时建立在有形产品之上，不过这个集合是一个服务集合。

进入数字化为特征的服务经济时代，产品和服务的边界在数字化的过程中变得模糊。在数字化环境下，产品和服务的信息传递以及与客户的互动接触过程首先就是服务体验。更进一步，一体化服务意味着能够在任意时间、任意接触点、全部产品和服务上向客户传递始终一致的体验。

此外，有能力提供一体化服务的企业还具有这样一些特征：

- 形成协同一致的组织，具有灵活、敏捷和创新的特质。
- 无缝的内部运作协同，从而能够更好地响应客户请求。
- 以客户为导向的文化，主动适应不断变化的客户需求。
- 改变绩效考核的导向，以为客户创造价值为基本目标。
- 实现资源的合理配置，让客户成为资源分配的出发点。

客户第一，交易第二

美国运通以卓越的服务著称于金融服务业。美国运通于 2009 年宣布组建一个新的世界性服务组织，将该公司在美国和世界各国的服务部门合并成一个无缝的全球性服务实体。

为了彻底落实一体化服务的战略，美国运通首席执行官 Kenneth Chenault 亲自推动全公司的转型，提出了"客户第一，交易第二"的价值主张，强调客户服务和改变客户认知的力量，以向客户提供卓越的服务体验为目标，期望赶超像丽思卡尔顿酒店和联邦快递这样的全球服务领导者，赢得客户的赞誉。

在 Kenneth Chenault 的推动下，"为客户提供卓越服务"与财务增长和效率提升并列，成为美国运通最为重要的三大核心战略。美国运通实施了客户关系护理（Relationship Care）战略，这一战略行动由员工培训、人员招聘和技术创新三大支柱组成，将重点聚焦在当客户与美国运通接触和交互时，能够与每一位客户建立个性化的客户关系。

数字化客户管理

新经济时代，客户、技术和服务都在发生变化，企业必须将客户置于战略决策的焦点，转变业务体系，应用系统化的措施落实 3 个客户管理法则，在参与和赢得未来客户的竞争中获得优势。数字化客户管理框架如图 1-3 所示。

数字化技术正在深化社会经济发展和商业模式转变，云计算、智能连接和大数据技术的发展让我们离智能时代更近，消费者产品和服务正在加速实现数字化转型，在这样的趋势下，未来所有的商业都将数字化（在第 2 章探讨数字化带来的变化）。

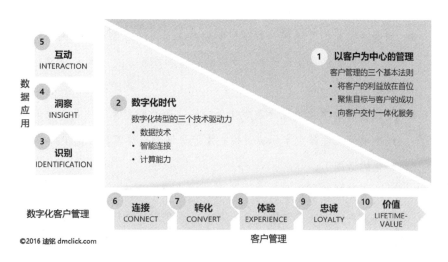

图 1-3　数字化客户管理框架

　　数据是数字化时代客户管理和营销应用最重要的资源之一。在更好地理解目标客户、准确预测客户的行为偏好、制定有效的营销策略、精准传递产品和服务信息、获得客户反馈、优化再营销策略等过程中，数据都是将这些过程贯穿起来而不可或缺的关键资源。

　　企业实现数字化客户管理离不开 3 个层次的数据应用：

- 如何识别客户特征和描述客户处境（第 3 章探讨识别的话题）？
- 如何理解客户行为和洞察客户价值（第 4 章探讨洞察的话题）？
- 如何预测客户互动和发展客户关系（第 5 章探讨互动的话题）？

　　如今，年轻消费者已经是数字化的用户。他们不仅实时在线活动，还是最新的智能产品的购买者和使用者，每一个面向消费者提供产品和服务的企业都希望能够赢得这一数量庞大的新兴网络消费族群的信赖。

　　在信息触手可及的数字化时代，你必须深刻理解数字化客户管理的这些特征：

- **消费者彼此相互连接**。数字化的用户实时在线，通过社交网络连接在一起，他们更加主动地选择与商家的连接和交互方式（第 6 章探讨连接的话题）。

- **非线性的数字化决策**。数字化用户的决策过程发生了变化，他们不再是线性决策，理解数字化决策模式才能更好地赢得客户转化（第 7 章探讨转化的话题）。

- **不断增长的体验期望**。数字化用户更加注重体验，用户之间的相互连接使得用户通过社交媒体发出的声音变得更具影响力（第 8 章探讨体验的话题）。

- **信任成为忠诚的基础**。数字化用户不再轻易地保持忠诚，他们希望更富情感的关系互动，赢得信任的过程需要更具策略性（第 9 章探讨忠诚的话题）。

- **经营客户的长期价值**。数字化用户的价值更加容易测量，你需要建立更加完善的策略来赢得用户的长期价值（第 10 章探讨价值的话题）。

在本书后续的章节里，我们将详细探讨以上这些内容。

数字化：颠覆已至

- 数字化的世界
- 数字化的演进与发展
- 数字化时代的三个技术驱动力
- 消费者产品和服务正在数字化
- 数字化带来的行业变革
- 数字化客户管理的基础

"数字化重塑商业。"

——笔者

数字化的世界

数字化生活已无处不在

数字化已成为商业社会和人们生活消费的重要特征。在现实中，一分钟看起来很短，但在数字化世界里，一分钟发生的事情足以改变世界。

2016 年的每一分钟里：

- 超过 2 亿封电子邮件被发出。
- 超过 1600 万条微信消息被发出。
- 超过 690 万个视频被浏览。
- 超过 34 万个苹果应用程序被下载。
- 谷歌翻译 6950 万个单词。
- 谷歌完成 540 万次搜索。
- 超过 90 万用户登录脸书。
- 滴滴接到超过 1 万个订单。
- 亚马逊实现销售 22 万美元。
- 领英新增 120 个注册会员。

数字化用户的迅速增长

上面这些数字的背后是使用这些数字化产品和服务的用户的投入，他们投入了时间，与朋友们进行社交互动，创造内容和分享观点，他们是数字化世界的居民。我们将这些使用智能手机、平板电脑、笔记本电脑等智能设备，并能随时连接互联网络的人称为数字化用户，那么这个群体到底有多大呢？

- 益博睿（Experian）公司的研究表明，到 2015 年 6 月，84% 的美国成年人已经成为数字化用户。其中，有 96% 的平板电脑用户、93% 的计算机用户、76% 的智能手机用户使用智能设备进行数字化购买。

- 中国是全球消费者数字化和移动互联化速度最快的市场之一。淘宝系 2017 年双十一全天总成交额达 1682 亿元，支付宝实现支付总笔数 14.8 亿笔，其中无线端交易额占比达 90%，支付峰值时达到每秒 25.6 万笔。

- 根据 2017 年微信数据报告，微信覆盖了中国 90% 以上的智能手机，2017 年 9 月平均每日登录用户达到 9.02 亿，其中老年用户占 5000 万，月人均使用音视频通话的成功通话时长达到 139 分钟，50% 的登录用户每天使用微信超过 90 分钟。

一个数以亿计的新兴消费族群已经形成，他们拥有智能设备，实时连接互联网，越来越频繁地使用数字化服务。

数字化科技的黄金时代

在当今信息经济社会，技术元素在各行各业服务的普及程度越来越高。2016 年 9 月，全球市值最高的 5 家公司都是软件科技公司，这在历史上尚属首次。

全球市值最高的 5 家公司如图 2-1 所示。其中，苹果公司以 5820 亿美元的市值高居榜首，之后依次是 Alphabet（谷歌的母公司）和微软，市值分别为 5560 亿美元和 4520 亿美元，亚马逊以 3640 亿美元的市值紧随其后，第 5 位脸书的市值为 3590 亿美元。

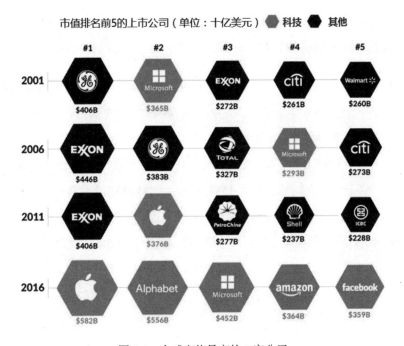

图 2-1　全球市值最高的 5 家公司

数字化的演进与发展

计算机技术发展带动了信息化进程，数字化时代的发展经历了如下几个阶段，演进过程如图 2-2 所示。

企业自动化（1960～2000 年）

在使用互联网应用以前，企业后台业务处理自动化和前台操作信息化的进程就已经开始了。这一过程可以分为两个主要的阶段：

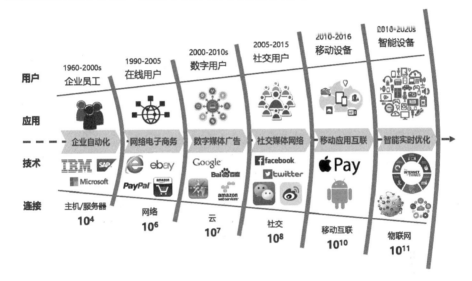

图 2-2 数字化的演进过程

- 后台自动化阶段（1960～1990）。从 20 世纪 60 年代，大型公司已经开始应用计算机主机技术构建后台交易处理的自动化应用系统。当时，计算机主机投入费用高昂，主要局限在银行金融机构、交易所、航空公司、汽车制造商等大型企业和政府组织。

- 前台自动化阶段（1980～2000）。20 世纪 80 年代，计算机通信技术日益成熟，随着服务器性能的提升和计算成本的下降，客户端服务器模式应用迅速发展，促进企业以呼叫中心为代表的前台业务实现了自动化。

网络电子商务（1990～2000 年）

1989 年，英国计算机科学家蒂姆·伯纳斯·李发明了万维网，并且写出了第一个网页浏览器和第一个网页服务器，从此拉开了互联网发展的浪潮。

这一阶段也可以分为两个主要的阶段：一个阶段是基于互联网站的信息内容发布展示；另一个阶段是基于 PC 互联网的电子商务阶段。

- 信息门户阶段（1990～2000）。企业利用万维网发布信息，人们通过浏览器接入互联网查询信息和浏览新闻资讯，这样的应用带来了第一代互联网信息门户发展的黄金时代。雅虎是互联网信息门户时代的代表，网络论坛和在线游戏能够吸引数十万人同时在线。
- 电子商务阶段（1992～2005）。第一个商业销售网站 books.com 于 1992 年上线。1995 年，以亚马逊为代表的电子商务网站如雨后春笋般发展起来，人们通过互联网搜索、选择和购买商品的时代开始了。面向企业市场服务的 B2B 电子商务也同期发展起来，形成了以 Ariba、阿里巴巴为代表的多个互联网企业交易市场。

2000 年，第一代互联网泡沫破灭，大多数互联网门户和电子商务网站没能幸运地度过资本寒冬。

数字媒体广告（2000～2010 年）

虽然数字营销一词在 1990 年就已经出现，但直到 2000 年前后才真正成为市场的主流。搜索引擎促进了高质量内容的传播，在线广告实现了基于内容的互动，数字营销可以真正直达用户，这一特性推动数字媒体广告进入了高速发展期。

- 数字广告时代。数字媒体的出现为广告提供了双向沟通和连续测量的可能，促进了以在线搜索为核心的在线广告技术的发展。谷歌基于强大的搜索引擎技术占据了在线广告服务市场的统治地位，成为全球最大的数字广告公司。

- 数字内容服务。以游戏、音乐、图片、博客为代表的数字内容赢得了互联网用户越来越多的时间，日益增长的丰富的数字化媒体内容促进了云服务模式的发展，基于云计算技术实现了百万级用户同时在线连接。

社交媒体网络（2005～2015 年）

早期的社交媒体网络是以个人电脑和浏览器为主的应用。社交网络带来人与人的连接，带动了连接互联网的用户数量的大幅增长，实现了十亿级的用户连接。

- 社交媒体营销。社交媒体兴起促进了数字化内容的蓬勃发展。社交媒体上的大多数内容不再由媒体所有者和运营者创造，而是由用户创造和维护。微博、播客等社交媒体带来了全新的内容展示、网络传播和分享模式，催生了社交和商务的新需求。

- 社交网络平台。脸书、领英、微信等社交网络平台让人与人的连接成为了应用的核心，人成为了社交媒体的一部分。脸书基于人与人的连接重新塑造了数字化营销，营销从媒体属性演进到客户属性，脸书快速发展成为仅次于谷歌的全球第二大数字广告公司。

移动互联应用（2010～2016 年）

互联网技术与移动应用的结合带来了全新的技术平台和商业模式，苹果手机带来了移动互联的颠覆式创新。苹果手机让手机不再只是通信工具，而真正成为人们的移动智能终端，移动互联实现了前所未有的飞跃式发展。

- 移动应用。以苹果手机为代表的智能移动终端激发了人们连接互联网的热情，激活了基于社交网络积累起来的海量数字化用户，移动应用程序实现了前所未有的爆炸式增长。移动社交、手机游戏、移动搜索、移动支付、移动商务、移动定位等移动应用的各个领域都欣欣向荣，成为人们日常生活中不可或缺的一部分。

- 移动互联。连接设备的智能化催生了物联网发展的潜力，也促进了产业互联网的发展。在物联网环境下将会实现百亿级的智能设备连接，智慧城市、智能交通、远程医疗、在线教育等新兴领域都受益于移动互联技术的发展。

移动互联模糊了地域之间的物理距离，也平滑了地域间的基础设施差距，使得一些原本基础设施相对落后的欠发达地区也能通过移动设备连接互联网，这创造了更加广泛的连接。在非洲的肯尼亚就有超过 50%的人口使用 M-Pesa 的移动金融服务。中国偏远地区的人们也受益于移动互联技术，接入互联网，使用淘宝、支付宝等移动应用实现网络购物、在线支付以及小额理财服务。

未来，智能实时优化（2016～2020 年）

如果说互联网发展的前 20 年是消费者驱动的数字化，那么未来的数字化将更加深入地渗透到各个行业，实现人、设备和业务的相互连接，进入以物联网、云计算和人工智能为特征的产业互联网发展期。

- 实时智能互联。目前人与人的连接已经基本实现，未来将实现人、设备和业务的连接，这将使得同时连接互联网的人和设备的数量达到百亿级，未来将会达到千亿级。

- ■ 智能技术应用。未来的技术应用是数字化连接、计算技术与智能技术的结合，人工智能技术、机器人技术、认知计算技术等应用都将不断深入。

数字化连接和数据技术应用开始变革传统商业。企业拥抱数字化技术的程度越高，它们的运营将会越高效，并最终转化为生产效率和盈利能力的提升。

数字化时代的三个技术驱动力

计算、连接和数据是最重要的三个技术原动力，驱动着数字化时代的商业模式发展和服务模式转变，如图 2-3 所示。

- ■ 计算能力
- ■ 智能连接
- ■ 数据技术

图 2-3　数字化时代的三个基本技术驱动力

计算能力

摩尔定律指出：每一美元买到的计算性能每隔 18～24 个月便会增加一倍。摩尔定律揭示了信息技术进步的速度，半个多世纪以来，社会所拥有的计算能力遵循摩尔定律以指数增长的方式发展。一方面，计算机芯片技术持续升级和发展，计算机处理器的性能遵循摩尔定律每 18 个月提高一倍；另一方面，分布式计算框架、云计算等应用也改变了计算模式，算法的改进实现了更高的运算效率，进一步促进了计算能力的提升。

- 云计算。基于分布式计算框架和虚拟化存储技术而实现的超强云计算能力使得原先无法完成的计算任务成为可能。云计算应用实现了互联网基础设施资源的共享，催生了按使用量付费的服务模式。随着数据的极大丰富和信息技术的演进，下一代云计算正向着实时计算的方向发展。

- 云服务。早在 1983 年，硅谷著名的科技公司 SUN 就提出了"网络就是计算机"的理念。直到 20 世纪末掀起互联网浪潮，以互联网基础设施资源为基础的技术服务才开始全面进入商业应用领域，逐渐形成了用户通过互联网接入请求和享用服务，并按使用量付费的云服务模式。亚马逊的 AWS 是云服务领域的全球领导者。

- 人工智能。人工智能技术已经开始应用在人们的日常生活中。从电商网站的智能推荐到智能手机的内容推送，背后都是基于人工智能技术的应用。海量数据的应用和机器学习算法的优化大大改进了深度学习的应用，人工智能在感知和决策的许多领域（如智能语音交互、机器翻译、无人驾驶等）的应用也取得了突破性进展。

智能连接

数字化技术应用使得连接成为可能。连接不仅仅是数字技术应用与实体环境设施的连接，也是人、设备与业务之间的相互连接。

首先，人与人的连接改变了社交关系。传统的社会环境里，人们平均能够建立联络的数量只有上百人，在数字化技术的支撑下，人们可以相互建立连接的数量大幅增长，社交网络的发展让人与人之间连成了网络。2016 年，超过 35 亿人接入了互联网，并通过社交网络连接在了一起。移动互联网的发展为人们带来了全新的生活和社交方式，变革了从生活消费到社会商务的多个领域。

第二，连接的智能设备仍在快速增长。设备的连接产生了大量数据，对数据的应用也让设备更加智能化。2008 年，能够连接互联网的设备数量与世界人口数量相当。波士顿咨询集团的研究报告指出，2016 年的移动设备占用了宽带连接的五分之四。预计到 2020 年，连接互联网的移动设备数量将超过 300 亿台。这些实时连接的设备形成了一个规模庞大的智能物联网，蕴藏着巨大的市场潜力。

第三，业务的连接改变了业务的生态。业务的连接创造出全新的业务生态，同时业务生态的发展也改变了业务和竞争的形态。一方面，消费者业务的连接促进企业现有产品和服务的数字化，以实现向数量庞大的在线新兴移动互联消费族群提供产品和服务；另一方面，企业业务的连接带来了企业运营效率的大幅提升，企业业务与业务之间的价值交换也促进了更加智能的连接、分析和决策，从而产生了更加智能的业务和服务。

数据技术

数据技术应用是产生、管理和应用数据并创造价值的过程。交互和交易产生数据，连接促进交互和交易的增长，从而带来数据的指数级增长。数据记录事实和过程，分析负责价值的发现和解释。数据中蕴藏着价值，而且会随着数据量的增长和分析手段的改进变得越来越有价值。

信息总量的变化带来了信息形态的变化。在各个行业，新增数据量正在以指数级的速度在增长。据 IBM 预计，世界上每年将会产生一倍的新增数据，预计到 2020 年，全球数据使用量将达到 44ZB（1ZB=10 万亿亿字节）。

我们已经进入了大数据时代。麦肯锡咨询公司将大数据定义为超出传统数据库软件的采集、存储、管理和分析处理能力的数据集，并在 2011 年 6 月发布的一份报告中正式使用了"大数据"一词。大数据蕴藏的潜力能够带来巨大的社会商业价值，麦肯锡估计仅在零售业，应用大数据就有潜力为零售商带来运营利润 60%的增长。

越来越多的创新将由数据技术驱动。数据技术能够帮助消费者更好地决策，告诉人们什么值得购买、从哪里购买，应用数据预测产品的价格趋势，告诉消费者什么时候购买最划算。数据技术也能够帮助企业更准确地识别目标客户，更全面地了解客户需求，更有效地发起与客户的互动，并向客户提供个性化的产品和服务。

下面这些都是数据技术的应用。

- 亚马逊推荐我们想看的书。
- 谷歌对关联网站进行排序。
- 脸书知道我们的生活喜好。

- 领英猜出我们可能认识谁。
- 微信告诉我们朋友圈里的关键词。
- 大众点评推荐我们想光顾的店面。

消费者产品和服务正在数字化

数字化用户的增长驱动了消费者产品和服务的数字化。通过移动互联网连接起来的数字化用户形成了一个全新的移动互联生态，以中国移动支付市场为例，2017 年的交易规模突破了 200 万亿元，如此巨大的市场赋予了数字化用户更大的影响力。

消费者产品和服务提供商需要适应这些发展变化，要想和这些数字化用户做生意，就必须提供数字化的产品和服务。数字化产品具有这样的特征：数据通过产品进行收集，用户能够精确地控制产品的使用，实现精确的响应和控制。

如今，市场上已经有许多实物产品通过增加数字化元件来增强产品和服务的数字化特征，例如：

- 传感器
- 显示和指示
- 微型控制器
- 预置分析
- 存储单元
- 无线连接设备
- 远程控制单元

下面来看这些已经上市的数字化产品。

- 虚拟货币——在数字化场景上代替政府发行的法定货币。
- 智能音箱——能无线连接互联网，远程控制声音和显示。
- 智能足球——向移动设备报告速度、方向和其他数据。
- 智能电灯——远程精确设置颜色和亮度，设定开关时间。
- 智能冰箱——远程设置温度，通过程序控制触发购买订单。
- 汽车智能控制——远程控制空调、查看车况状态数据等。

由此发展，未来的每一个消费者产品和服务都将数字化。

数字化带来的行业变革

数字化技术改变了连接和创造客户价值的方式。数字化带来的不只是连接客户的方式发生了变化，向客户提供的产品和服务的形态、营销的模式也在不断数字化，由此产生了全新的数字化商业模式。

沃尔玛、万豪、丰田汽车等曾经都是所在行业领域的王者，但是在 2015 年已经受到了新兴数字化企业的直接挑战。数字化带来了全新的业态，对传统行业带来了巨大冲击，如表 2-1 所示。

表 2-1　数字化带来的行业变化

行业	传统企业	传统企业特征	数字化企业	数字化企业特征
零售业	沃尔玛	全球 11695 间商店	亚马逊	没有实体店，提供数百万种商品
酒店服务业	万豪	超过 120 万间客房	Airbnb	没有实体资产，提供超过 300 万房源

（续表）

行业	传统企业	传统企业特征	数字化企业	数字化企业特征
交通出行业	出租车	每个城市独立运营	优步	没有一辆自己的车
金融服务业	零售银行	大量线下网点	支付宝	没有一个实体网点
汽车制造业	丰田	12~18 个月升级	特斯拉	每月软件更新

零售业：数字化商务的直接挑战

零售业是最直接受到数字化商务影响的行业之一。无论是网站时代的电子商务，还是移动互联时代的移动商务，都给传统的零售业带来了巨大的冲击。

- 沃尔玛（Walmart）是全球最大的零售连锁企业，是全球营业额最大的公司，也是世界上员工最多的公司。2016 年，沃尔玛在全球 28 个国家拥有 11695 间商场，每周服务 2.6 亿顾客，全球员工总数达 230 万人。沃尔玛针对不同的目标消费者采取不同的零售经营策略，以帮助顾客节省每一分钱的理念赢得了消费者的支持，成为实体世界的零售业王者。

- 亚马逊（Amazon）是美国最大的网络电子商务公司，成立于 1995 年，是在互联网发展的早期经营电子商务并且伴随互联网发展成长起来的数字化企业。亚马逊被誉为以客户为中心的数字化企业。亚马逊没有实体店，向互联网用户提供数百万种商品，种类包括图书、电子、玩具、服饰、母婴、食品、生活用品和工业产品等实物商品，以及少量的电子图书、影视、音乐、游戏等数字内容。2016 年 9 月，亚马逊市值达到 3640 亿美元，大幅超越了沃尔玛。

酒店服务业：资源整合的竞争

酒店服务业已经发展了上百年。传统的酒店业是重资产的经营模式，连锁酒店集团以拥有自主品牌的酒店和经营这些酒店客房为主要的经营模式。数字化企业通过网络连接社会化的房源，从而以资源整合、发布和分享的角色进入传统酒店服务市场，并以全新的空闲房屋资源出租模式为这一传统的商业领域带来了变革的驱动力。

- ■ 万豪酒店集团（Marriott）创立于 1927 年，是全球最大的酒店连锁集团之一。2016 年底，万豪旗下管理着 30 个品牌，在全球 122 个国家和地区拥有 6000 多家酒店资产，拥有超过 1 亿忠诚会员。连锁酒店业的竞争异常激烈，会员忠诚计划是经营的重心，在线预订、数字服务等成为数字化时代至关重要的能力。

- ■ Airbnb 是一个基于在线社区的房屋出租服务市场，2008 年创立于美国旧金山。Airbnb 是共享经济时代的创新者，没有一间自己的酒店，人们通过 Airbnb 的网站发布和更新出租状态，发现和预订世界各地的房源，也可以对沟通交流、兑现承诺、入住过程、信息准确性、房间清洁度和总体体验进行评价。2016 年，Airbnb 通过网络在全球 191 个国家的 65000 多个城市提供超过 300 万的房源，向 1 亿 5000 万注册房客提供住宿服务，这一数量超出了全球任何一个酒店集团的规模。

交通出行业：颠覆性创新

交通出行是一个传统的行业。以优步、滴滴为代表的创新型数字化企业以颠覆性创新的姿态高调进入这一市场，以创新的资源共享模式和数字化科技改变了传统出租出行的交通服务方式，给传统的交通出行行业带来了巨大冲击。

- ■ 传统出行服务是一个封闭的运营体系。传统的出租车出行服务往往在各个城市独立运营，其经营受到政府的管制。由于经营准入的限制，因此传统出租车行业很难实现资源的动态优化，在高峰期面临着难以解决的用户出行需求增长和可用车辆资源相对不足的矛盾。

■ 优步（Uber）通过网络提供出行接载服务，2008 年创立于美国旧金山。优步没有一辆自己的汽车，通过网络和数据技术将需要寻找可靠司机的人群和需要用自己的车辆赚取收入的人群连接起来，向人们提供创新的出行服务。优步的创新跨越国界、文化和语言，在全球 502 个城市提供出行接载服务，是市值增长最快的数字化企业之一。从成立之日起，优步的服务就倍受用户欢迎，但是因为对传统出租车运营模式的颠覆性变革，在多个国家和地区饱受管制和争议。

金融服务业：跨界的竞争

金融服务业一向是政府高度管制的重要行业。以支付宝为代表的互联网公司借助互联网积累的客户关系和先进的网络技术，以金融科技公司的角色进入这一备受瞩目的巨大市场，在短短几年时间里占领了在线支付的主要市场份额，分享消费金融市场增长的盛宴。

■ 传统零售金融服务是一个以线下网点和风控为基础的运营体系。传统的零售银行虽然应用总行提供的业务系统和网络基础设施，但仍然以分行网点为基础在各个城市分散化运营。由于经营准入的限制，因此缺乏竞争的传统零售银行更偏好那些信用良好的客户，并不重视中、小企业的融资需求和社会年轻群体的支付服务需求。

■ 支付宝成立于 2004 年，最初只是为淘宝的买家和卖家提供在线担保支付服务，后来不断拓展服务场景，已发展成为以在线支付服务为基础的全球最大的开放性服务平台之一。以支付宝为基础构建的蚂蚁金融服务集团为小微企业和个人消费者提供普惠金融服务，在生活服务、在线理财、信用评价等方面不断延伸服务领地。

汽车制造业：新产品，新模式

汽车行业是一个发展了上百年的成熟产业。传统的汽车业巨头丰田、大众、通用、奔驰等都拥有各自的品牌、专利、主机生产厂和特约销售服务网络。以特斯拉为代表的新型智能汽车制造商以智能装备、电池驱动加入市场竞争，通过软件创建服务，并在短时间内取得了非常快速的发展。

- 丰田汽车（Toyota）创立于1937年，是世界排名第一的汽车制造商。2016年，丰田集团拥有348 877名员工，在财富杂志评选的世界500强中位列第8位。在汽车行业，每12~18个月对新车进行升级，升级3~5次之后进行换代，丰田以其精益制造的模式赢得了超越行业平均水平的利润。
- 特斯拉汽车（Tesla）是全球领先的电动汽车制造商，成立于2003年。特斯拉以最具创新性的技术促进可持续交通的发展。特斯拉的电动汽车在质量、安全和性能上均达到了汽车行业的领先水平。特斯拉以开放专利的方式与同行分享所有技术专利，推进电动汽车技术的进步。特斯拉汽车内置了先进的控制界面和软件系统，这意味着特斯拉汽车每个月都可以通过软件实现升级。

除了上述这些行业外，保险服务、健康医疗、商业服务、教育文化和公共服务等行业也受数字化转型的影响，应用云计算、大数据、物联网和人工智能技术持续转变传统的商业模式和运营形态，搭建数字化平台和运营工具，迈向未来的数字化生态。

数字化客户管理的基础

面对数字化带来的变革影响，你需要转变思维，理解数字化对你所在行业的冲击，认识这些变化对产业服务和客户营销的影响。

数据是数字化世界的客户管理和营销重要的资源之一。要想更好地理解目标客户，准确预测客户的行为偏好，制定有效的营销策略，精准传递产品和服务信息，利用获得的客户反馈来优化再营销策略，数据都是不可或缺的关键资源。要想建立客户管理的数字化思维，需要掌握如何收集和利用这些信息给目标客户画像，掌握如何分析和预测客户的价值和行为，掌握如何与目标客户建立适当的互动。

数字化时代的客户管理需要 3 个层面的数据应用：

- 识别。基于数据识别用户身份，描述客户的处境和特征。
- 洞察。应用分析洞察客户需求，预测客户的价值和行为。
- 互动。应用客户交互旅程分析，发起客户生命周期互动。

在接下来的章节里，我们将分别进行探讨。

第
3
章

识别：建立客户画像

- 数字化世界的通行证
- 客户画像为什么如此重要
- 客户画像的作用
- 如何给你的客户画像
- 金融投资者的画像
- 移动用户画像应用
- 社交用户画像应用
- 了解你在客户眼中的画像
- 客户画像数据的来源
- 客户画像数据收集的原则
- 客户画像数据收集的渠道
- 个人信息安全与隐私保护
- 个人数据隐私管理的基本原则

"数据是新经济时代最有潜力的资产。"

——笔者

数字化世界的通行证

在大众营销时代，受信息技术和成本所限，企业通常以产品为基础进行客户识别和管理。在这种情况下，管理者更关心产品的销售量，而不怎么关心销售给了谁，只要有人付费买走就行。20 世纪 90 年代，在数据库技术应用和互联网发展的早期，一些服务型企业就已经开始记录消费者的身份识别信息和特征属性，并且在服务接触点对回头客进行识别。

进入数字化时代，不仅产品信息实现了数据化，客户的身份信息和销售过程也实现了数据化，用户识别的重要性与日俱增。不仅身份信息可以用于识别，手机号码、电子邮件地址、社交账号、智能移动设备编号等信息也可以用来识别用户身份的唯一性。

识别在数字化时代变得越来越重要的原因在于：

- 更多产品和服务以用户识别为基础。由于数字化带来了产品形态和服务内容的变化，因此身份识别成为用户使用产品或享受服务的前提。以苹果手机为例，用户需要设置一个唯一的识别账号，并且通过这个识别账号激活苹果手机才可以正常使用，以后下载应用服务和产品更新都需要基于这个苹果用户账号。这样的产品和服务已经越来越普遍。

- 识别有助于向用户提供更好的体验。亚马逊网站有数百万种商品，对于无法识别的网站访客，网站只能以统一的方式展现产品，访客浏览商品的过程千篇一律。但是当亚马逊网站可以识别用户的时候，可以根据已经掌握的用户特征和偏好展示更具相关性的商品，向用户提供更个性化的商品推荐，用户的体验会更好，购物效率和订单转化率也更高。

■ 识别能更好地保护用户的数字化资产。一方面，数字化形态的资产不断增加；另一方面，产品和服务的使用权也数字化了，这两方面的原因都使得识别越来越重要。对于游戏、社交网络等，用户需要使用唯一的识别账号登录后才可以使用相关的产品和服务，才能管理和处置自己的数字化资产。这也引发了人们对用户隐私和数字化资产安全的关注。

随着识别技术的发展，企业对用户进一步深入了解的需求也在增长。

客户画像为什么如此重要

大众营销时代，无论是实体营业网点、现场销售服务人员还是远程呼叫中心，企业与消费者之间的沟通主要基于人与人接触的方式。在数据稀缺的营销环境下，客户画像的信息颗粒度较粗，画像应用主要定位于营销价值比较高的目标客户群，如会员忠诚计划。

互联网发展带来了内容传播的革命，互联网络成为企业与消费者之间建立信息沟通的重要渠道。移动互联网发展带来了更频繁的用户互动接触，由此产生的数据呈指数级增长，准确快速识别用户身份成为数字化环境下服务与营销过程的关键挑战。

■ 用户画像在数字化营销环境下变得更加重要。在数字化环境下，企业和消费者之间的营销接触方式发生了巨大变化，消费者掌握了接触的主动权，在更多情况下通过移动应用、互联网工具和数字化渠道发起交互，企业与消费者之间发生人际接触的机会有所减少。在这种情况下，企业需要更准确的用户画像信息来识别用户的接触并持续优化营销互动策略。

■ 对数字化客户画像的要求比以前更加精细化。移动互联网的发展带来了数字化用户数量的快速增长和消费者决策行为的持续分化，使用智能设备的消费者保持实时在线，他们获取信息和交易决策的行为发生了很大分化，有的更注重便利和体验，有的更注重实惠的价格，有的更注重产品的品牌，营销方式也可因人而异。企业比以前更难接触到客户，为了让营销和服务策略更加有效，营销人员依赖准确的信息来理解用户的需求和偏好，希望知道什么人会来店面购买产品，以及他们如何在线做出购买决策等，这些都对客户画像提出了更加精细的要求。

调查显示，有39%的营销主管认为客户画像是数据应用最大的挑战。在数据变得丰饶的营销时代，有更多的数据信息和维度变量增加到客户画像模式中，客户画像和细分描述也变得更加精细化和体系化。

客户画像的作用

客户画像基于尽可能全面的信息来建立对客户的背景处境、认知特征和个性特点的理解，包括身份背景、生活习性、消费需求、决策方式、购买偏好、价值潜力、行为倾向信息等。企业基于客户画像建立起更全面的客户理解，建立、执行和优化组织的客户选择、产品设计、营销策划、互动体验、关系维系、风险管理和服务运营相关的策略。

客户画像能够支撑这样几个营销目标：

■ 定位目标市场。

■ 设计创新产品。

- 优化营销策略。

- 提供个性服务。

客户画像通过回答这样一些问题建立对目标客户的理解：

- 他们是些什么人？

- 他们经常在哪里？

- 他们有什么需求？

- 他们有什么消费偏好？

- 他们都拥有哪些产品？

- 他们如何进行购买决策？

- 他们对品牌的态度？

在实际应用中，你会发现目标客户的数量越庞大，客户族群的构成也会更加复杂，同时客户的行为也在不断发生变化，如果没有完善的信息支撑，回答上述这些问题就不是一件容易的事情。

如何给你的客户画像

为客户画像需要利用所有自有和第三方可以收集和利用的数据信息，通过信息综合和特征分析，形成对该客户的整体特征的全面认识。客户画像包括面向企业、组织的机构客户画像和面向消费者的个人客户画像。客户画像面向的对象不同，需要利用的信息基础也不同。下面我们主要讨论以消费者为对象的个人客户画像。

个人客户画像的基础信息

个人信息是可以被识别到自然人的任何相关信息。一般来说，商业应用中的个人信息主要有以下4种类型，如图3-1所示。

- 人口属性信息
- 行为特征信息
- 轨迹旅程信息
- 交易消费信息

人口属性信息	行为特征信息	轨迹旅程信息	交易消费信息
身份信息	设备信息	浏览路径	消费记录
背景信息	联络信息	社交偏好	支付信息
地理信息	内容偏好	互动内容	消费特征
信用信息	生活方式	位置轨迹	忠诚奖励

图 3-1　个人客户画像的信息类型

以上4种个人信息类型只是一个大类的划分，每一个大类里都包括多项不同类型的数据信息。

人口属性信息

人口属性信息是用来识别自然人身份和描述背景处境特征的信息，包括身份信息、联络信息、背景信息、地理信息、信用信息等，以及与时间相关联的历史记录。

常用的人口属性信息包括：

- 身份信息。可以识别身份唯一性的描述信息，如姓名、性别、年龄、国籍、证件号码等与个人身份识别相关的信息。
- 联络信息。例如电话号码、电子邮箱、社交账号、邮寄地址等信息。
- 背景信息。与家庭、职业、教育、宗教信仰等相关的信息。
- 地理信息。例如工作地点、家庭住所等与区域地理位置相关的信息。
- 信用信息。例如信用评分、资信等级、收入水平、信用记录等信息。
- 历史信息。上述这些信息在不同时期的历史记录和状态变化情况。

一般来说，多数企业只能收集到一小部分与企业业务经营相关的人口属性信息。提供信贷类服务的金融机构出于风险控制的考虑，能够收集到的人口属性信息更加丰富。与人们社会生活息息相关的政府和公共服务部门往往是人口属性信息最全面的记录和收集者，如户籍政务信息、社会保障信息、住房登记信息、医疗记录信息等。

人口属性信息多为短时间内不会改变的静态信息，常常用来描述人们的背景或用于对处境的理解，由于易于直接应用，因此在用户画像中应用得最为普遍。

由于人口属性信息涉及许多与个人身份识别、个人联络、家庭住所、职业收入等相关的个人隐私信息，因此人们对于这类信息的收集和使用非常敏感，这类个人隐私信息也是黑客的重要攻击目标之一，这类信息的泄露可能带来巨大的潜在风险和社会影响，企业和政府都在设法限制和保护这类信息的收集、储存和使用。

行为特征信息

行为特征信息是记录用户行为和描述用户行为特征相关的信息，包括使用的设备信息、联络信息、浏览点击、内容偏好、位置记录、兴趣爱好、生活方式等与个人行为相关的信息。

传统营销时代稀缺的行为特征数据在数字化时代得到了极大的丰富。人们浏览网站内容、在线购买商品、使用移动社交工具或观看在线视频的行为都被系统以数据化的方式记录了下来。此外，一些用户的人体生物运动信息也通过可穿戴智能设备实现了数据采集。

经常用来描述行为特征的信息包括：

- 设备信息。使用的设备类型、品牌型号、使用频率等信息。
- 联络信息。用户与呼叫中心等进行的互动联络与服务信息记录。
- 浏览点击。在线登录时间、浏览页面、访问深度等信息。
- 内容偏好。内容类型、点击内容偏好、停留时间等信息。
- 位置记录。登录网络 IP 地址、所处的地理位置等信息。
- 兴趣爱好。经常关注和收藏的内容、评论互动偏好等信息。
- 生活方式。生活阶段、习惯方式、态度品味等相关的信息。

营销人员总是希望获得尽可能全面的客户行为特征信息，以期可以更全面地理解目标客户，理解什么在影响他们，什么会刺激他们，什么能吸引他们，理解为什么他们比其他人更偏爱某个品类，为什么他们对某种类型的广告响应更加强烈。

以生活方式信息为例，营销人员可以将用户的购买行为与标准的消费者画像结合起来，形成不同层级的生活阶段、生活态度和行为特征。基于这些客户知识，营销人员能够更好地理解客户对不同类型的信息如何响应，针对具有相同行为分类但有差异化服务需求的客户进一步细分，改进针对每类客户提供产品的相关性和服务的个性化。

旅程轨迹信息

旅程轨迹信息是用户在线上或线下发生的跨平台、跨渠道的交互行动路径与行为轨迹信息。在数字化时代，用户的每一个行为都能在系统上留下信息记录，这些信息整合起来就构成了用户的轨迹。

一位线下购物者可能在决定到店面购买之前已经在线上进行了多次比较，然后选择了最方便的店铺，最终在线下实体店面完成购买。这些信息可能发生和记录在不同的系统里，在数字化时代可以被全面记录下来，并通过技术手段整合起来。

用来描述旅程轨迹的数据信息包括：

- 浏览路径。跨平台、跨渠道、跨应用的用户轨迹信息。
- 社交偏好。社交范围、朋友类型、分享内容类型等。
- 互动内容。在线评论、讨论话题、分享内容、收藏信息等。
- 社交表现。粉丝数量、登录记录、点赞行动、转发记录等。
- 触发原因。引发用户行为的触发原因，如促销奖励、新品登录等。
- 位置轨迹。基于用户位置和位置变化轨迹的地理围栏信息等。

交易消费信息

交易消费信息用于记录客户购买产品和使用服务的交易、消费或使用记录。客户画像中应用的交易消费信息主要是指静态的交易信息和行为记录，深度的预测分析需要更加完备和连续的记录。

交易数据的内容

- 消费记录。用户购买产品或使用服务的记录信息。
- 支付信息。用户使用的支付方式、支付条款等。
- 消费特征。基于用户消费记录的消费特征信息。
- 忠诚奖励。用户积累积分或兑换奖励的记录信息。
- 服务记录。用户对产品或服务的故障报修或申诉的记录。
- 服务交互。用户联络客户服务中心或在线服务的记录。

交易数据的作用

- 建立对客户消费行为的理解。
- 评估客户在整体客户群中的价值。
- 预测客户后续的消费行为。
- 改进对客户需求的理解。
- 预测客户未来可能购买的产品。

交易数据通常是由企业的业务系统记录的信息，是企业最重要和最有价值的信息资产。

从上述内容中可以发现，用户画像所需的人口属性信息、行为特征信息、轨迹旅程信息和交易消费信息非常丰富，一些信息收集和应用的难度较高，企业通常不太可能收集到所有所需的信息。与此同时，即使你能够收集到看似丰富的信息，在客户画像应用中仍然可能面临以下 3 个挑战：

- 信息聚合的挑战。用户行为按时间的维度是连续的，但相应的信息往往分别记录在不同的系统中，要将同一用户的行为记录按照目的、接触方式和时间分布等汇总在一起并进行聚合分析不仅有一定的技术难度，还经常面临着管理挑战。
- 信息关联的挑战。将用户的行为信息、轨迹旅程与人口属性信息关联起来也不是一件容易的事情，这是因为用户虽然在互联网上发生了大量的行为，但是并非每次行为都是可以识别的，实现与人口属性信息的关联有非常大的挑战。
- 个性化描述的挑战。尽管用户生活方式画像提供了包含行为偏好在内的各种信息，不过实际情况下，企业受可提供产品和服务有限性的限制，多是消费者群体的共性属性的再现，在描述他们作为一个品牌特定分类的态度、动机和行为方面的作用仍然十分有限。

金融投资者的画像

金融业以签约服务为基本特征，主要的交易都基于签约时开立或指定的金融账户。正因如此，金融业往往拥有相对准确的个人属性信息，以及基于金融账户的所有交易记录和行为信息。

随着金融电子化和数字化交易的发展，金融服务业也积累了相对丰富的多渠道服务接触和交易信息。以证券公司为例，零售投资者在证券公司开立证券交易账户，通过证券公司提供的行情交易软件获得证券市场行情的实时动态并实现投资委托交易，投资者进行市场信息研究和交易记录查询的行为也可以通过系统记录的信息来获得。

以个人投资者为例，画像的信息可以来自以下几个方面（见图3-2）：

- 人口特征。投资者的年龄、职业、教育水平、地域分布等。
- 投资经验。从事投资的时间长短、专业知识和投资表现等。
- 接触方式。通过哪些渠道接触、获取、交流和分享投资信息。
- 投资品种。股票、期货、基金、理财、债券、金融衍生品等。
- 活跃程度。投资品种的交易活跃度、投资者个性相关的信息。
- 流失风险。投资者转换投资品种和金融服务提供商的可能性。

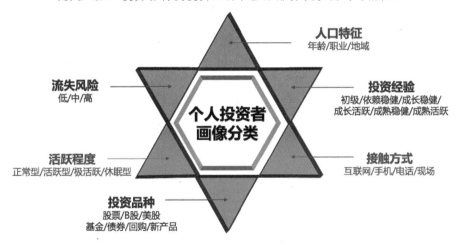

图 3-2　个人投资客户画像应用的信息

基于这样的方法，迪铭帮助中国领先的一家全国性证券公司进行了零售投资者的客户画像研究。基于上述 6 类基本信息，结合交易数据分析、投资者调研、典型投资者访谈等方式获得的信息，迪铭帮助这家券商在行业内率先实现了零售客户的全面画像，并且基于画像实现了按照投资者成熟度和投资专业程度的分级分类，不仅帮助证券公司设计了适合的产品匹配策略和专业化交易服务体系，也很好地满足了行业监管机构对于投资者适当性管理的监管要求。这一成果不仅提升了这家券商向投资者提供的专业化服务体系，还为建立个性化的财富客户管理体系建立了基础，获得了行业适当性管理的创新大奖。

移动用户画像应用

根据工信部公布的数据，截至 2017 年底，中国使用移动电话的用户数量达 14.2 亿，其中仅中国移动的用户数就达到了 8.87 亿之多。

移动用户画像可以基于图 3-3 所示的数据信息。

基于移动数据蕴藏的丰富信息，移动用户画像可以识别出许多有价值的信息，例如：

- 使用情况。用户使用各类产品的组合和用量情况有助于运营商针对性地设计和提供适合用户的产品和服务。
- 信用情况。用户的连续缴费行为能够在一定程度上反映用户信用，许多金融机构都将用户的缴费记录与社会信用状态进行关联。
- 活动范围。基于与时间关联的位置信息很容易识别出用户的物理区域活动范围和相关属性，如工作场所分布、周末活动区域等。

	移动数据类型	数据示例	描述
	位置和移动数据	移动位置范围 轨迹图谱	• 使用期间的位置和移动图谱，被动使用的移动服务精确度依赖于网络和设备产生的数据
	财务和经济数据	套餐选择记录 账单交易数据	• 通信记录与特殊选择（如彩铃选择） • 个人财务信息，如交易历史记录、预付费记录、合约套餐情况等，用于理解用户经济能力和收入水平
	识别和人口属性	背景信息 职业特征	• 用户的姓名、年龄、性别、就业状态等 • 用于高级细分和产品服务套餐设计
	社交与浏览数据	语音、数据浏览和社交联络	• 用户社交图谱和社交网络分析，源自呼叫记录、呼叫行为、中继数据、浏览器和移动应用使用情况 • 帮助提示消费者的高相关性的影响因素
	使用数据分布	消费详情 账单详情	• 移动服务使用情况，如语音、文本、数据、增值服务等 • 运营商用来开发定制的产品和服务
	情绪和趋势	情绪水平 变化趋势	• 短消息的用词和语气，用来理解用户的情绪 • 分析增值服务订购情况，理解流行文化趋势
	服务联络记录	服务记录 关系水平	• 联络的原因、联络的方式、联络的频度 • 服务满意度、体验总体水平
	联络关系网络	联络网络 联络价值	• 联络对象、联络频率、时间、时长、方式等的分布 • 联络关系网络、联络人价值、联络关系密切度等
	诊断和环境数据	连接状态 故障数据	• 研究信号干扰和反射图谱，分析建筑和城市化情况 • 通过内嵌传感器或智能手机连接性测量环境条件

图 3-3 移动用户画像应用的信息

- 社会影响。用户使用语音、数据与网络联络的对象分布和频度数据可以反映出用户社会连接性的范围，有助于评估用户潜在的影响力。
- 潜在价值。综合用户的各项数据和历史信息变化情况有助于识别用户的价值和潜力，预测用户的价值发展趋势。
- 安全应用。无论是个人相关的欺诈风险，还是社会相关的公共安全管理，都将移动信息作为重要的信息源进行管理、监控和应用。

正是因为移动用户信息如此丰富，从中可以获得各种各样的价值，所示各国纷纷制定了相应的政策来规范和约束移动运营商对于个人信息的使用。

社交用户画像应用

社交网络的兴起不仅吸引了数量庞大的年轻人活跃在各类社交媒体上，大量传统消费者也被社交网络所吸引。社交网络的发展促进了新型的在线用户群体的出现。

人们在社交媒体上的表现各不相同。只有少数人会保持与现实中相似的行为，大多数人的社交行为与现实中相比变化很大。营销人员基于社交信息的用户画像来认识社交网络用户的真实社会特征，避免有偏差的客户认知而导致错误的营销决策。

社交控

社交控（Fear Of Missing Out，FOMO）专指重度使用社交网络的用户，例如那些经常使用社交网络查看朋友圈动态的智能手机用户。社交控是 2013 年版牛津英语词典增加的 65 个新词之一。

"社交控"群体表现出这样的行为特征：

- 他们担心被遗忘。
- 他们担心错过什么。
- 他们往往最先使用新的手机应用程序。
- 他们每天在社交网络上花费较长时间。

你也许会认为"社交控"都是年轻人，事实上并不是如此，在一有时间就不停地看手机、每天在移动互联网上花费超过 2 个小时的用户群体中，年轻人只是所占的比例较高而已。

随着互联网的社交化，社交网络上的应用越来越丰富，人们在社交网络上花费的时间也越来越多，社交用户画像在商业上的应用也越来越广泛。

了解你在客户眼中的画像

企业画像是企业的品牌、产品和服务在用户眼中的形象。你已经知道了用户画像的意义，从另一方面来说，了解企业在用户心目中的画像也非常有意义。

每一个消费者都有偏好的品牌形象，年轻人更偏爱充满活力和时尚气质的品牌；女性更偏好展现出精致和细腻的品牌；成熟的人士更喜欢选择低调、有品质感、内涵丰富的品牌。品牌画像的做法在传统的大众营销时代就已经开始了，受益于数字化媒体的强大传播力，企业品牌形象对用户的影响也变得更为直接和快速，企业画像在数字化时代变得愈发重要。

笔者曾经带领迪铭咨询团队为一家领先的全国性综合金融服务机构规划新一代的营销服务体系。我们在项目中设计了这样一项任务：对这家金融机构进行企业品牌画像，发现和认识这家金融机构在目标投资者心目中的形象。画像研究的结果并不意外，这家金融机构给现有投资者的印象是成熟稳重的中年大叔，具有深厚的专业知识，负有责任感，但缺乏一些活力和朝气。这一结果与这家金融机构一贯以来的作风相吻合，也与其主要管理者的外在特征和内在气质相符，这样的定位比较适合在城市商业区面向成熟稳重的中产阶层和富裕阶层提供金融投资和综合理财服务。

在互联网金融的发展阶段，为了吸引更多年轻的投资者加入，需要为这家金融机构的品牌形象注入适合互联网金融生态所需要的创新、活力等元素。我们帮助这家金融机构策划了全新的客户品牌，并设计了零售客户营销整体方案和互联网金融市场进入策略，不仅很好地稳固了线下实体营业网点现有的中、高端客户基础，也以全新的客户品牌形象促进了网络金融业务的快速发展，通过互联网营销吸引了大量新增的年轻投资者群体。

小米最初的品牌定位也很好地迎合了移动互联网时代的用户需求特征，年轻、时尚、张扬、酷炫，这些极为彰显个性和年轻的词语都能从小米数量庞大的粉丝群中找到印证。这样的形象定位帮助小米在发展初期的短短几年时间里吸引了数量庞大的年轻消费者群体，帮助小米手机以较高的性价比快速成长为智能手机市场的有力挑战者。

客户画像数据的来源

客户画像数据根据来源方式的不同划分为以下三种类型：

- 直接收集的第一方数据。

- 间接收集的第二方数据。
- 来自外部的第三方数据。

直接收集的第一方数据

第一方数据是企业或组织在经营管理或向客户提供服务的过程中直接记录和获得的数据信息，例如：

- 开立账户时提交的身份信息。
- 在线注册时输入的用户信息。
- 登录浏览网站的点击行为记录。
- 在线购物的商品交易支付记录。
- 联络呼叫中心的通话交互记录。
- 参与调查的直接响应反馈记录。

金融、航空、教育等服务行业的企业通常拥有较为丰富的一手数据。这是因为这些行业的服务以身份识别或签约服务为基础，因而在人口统计属性信息上的记录相对完整和准确，在行为交易数据的积累上更加全面和连续。

一些大型企业或组织积累了非常丰富的一手数据，但是往往由于内部存在着各种各样的部门壁垒或业务割裂的限制，这些数据没有实现很好地整合，没能得到很好的利用。

间接收集的第二方数据

第二方数据是企业、组织在经营管理或业务合作过程中间接获得的，比如通过协议可以获得来自合作伙伴收集和管理的第一方数据，或者与合作伙伴共同收集和共享的数据信息，例如：

- 多方联合发起的用户调查。
- 系统接口产生的交换数据。
- 与合作伙伴交换的数据信息。
- 与监管机构交换的数据信息。

　　这类数据虽然不是企业直接产生的，但是往往也是在经营或服务过程中与客户发生直接或间接接触的过程中产生或收集的，如银行信用审核部门向征信服务机构提交贷款申请者身份资料而获得的信用风险评分等信息。联盟中的企业成员也可以通过联盟协议共享信息，比如中国国航与加拿大航空公司都是星空联盟的成员，通过协议互认的方式为符合联盟贵宾会员要求的伙伴航空公司会员提供联盟成员共享的贵宾会员服务。

来自外部的第三方数据

　　每一个企业和组织都有一定的数据收集能力，不同的企业或组织之间的数据收集能力差异很大，一些特别的数据必须由专门的机构收集才能完成。

　　对于商业机构来说，常见的第三方数据有：

- 登记的房产信息。
- 工商登记注册的信息。
- 第三方征信公司的信用信息。
- 社会化技术公司收集的数据。
- 相关行业积累的数据信息。

　　企业或组织为了弥补自身数据积累的不足，经常需要通过查询、租用、交换或购买等方式利用第三方数据信息。利用第三方数据通常会有一定的成本，往往优先用于能够创造潜在价值的营销活动，如用于市场营销活动的潜在目标客户列表选择；或者用于经营风险较高的需要风险控制的业务领域，如信用卡审批时对信用卡申请人进行第三方信用评分，或者银行进行信贷审批时对申请贷款的企业进行信用风险评估等。

客户画像数据收集的原则

你需要设定与经营目标和资源情况相适应的数据收集原则。这些原则包括需要多少数据、数据的来源、收集的频率、处理的成本、存储的方式以及安全的策略等。例如，在考虑需要收集多少数据的问题上，不仅需要考虑所需收集数据的价值，还需要考虑数据收集的成本和难易程度。

下面是在数据收集中需要考虑的一些基本原则：

- 收集频率。虽然从理论上来说在数字化环境下可以实现实时的数据收集，但是在实际中不同的更新频率和数据采集频率对于系统设计运行维护要求和数据采集成本的影响极大。

- 溯源性。是否需要记录和跟踪数据产生的过程，比如是否需要将在线收集到的用户信息与用户的线下购物行为和交易记录整合在一起。

- 分析目标。收集的数据往往会决定分析和洞察的可实现性。如果数据分析用于预测客户的价值潜力，那么客户购买的产品种类、购买的频率、每次支付的金额以及住所的地理位置等都是相关的信息。

- 精确性。有时定性的准确就已经足够满足分析目标，不一定需要量化的精确数字。例如，要想知道用户的收入水平，并不需要精确到用户收入的准确数字，有许多可以替代的信息来匹配用户的收入水平。

- 存储策略。数据存储的方式、计划存储的时间以及需要采取的安全防护措施等都会影响数据的收集、存储、管理和安全防范的成本。
- 可执行性。数据的收集应当具有直接或间接的可操作性。例如，服务点评网站能够通过跟踪用户的浏览点击记录收集用户偏好的饮食口味。
- 可获得性。数据应该易于收集并适合进行分析。在一些产品导向的企业中，大量数据分散在按产品设置的不同应用系统中，或者由于业务组织的部门各自为政，造成数据无法有效地获得和利用。

客户画像数据收集的渠道

在数字化时代，企业与客户之间的接触渠道变得多样化，客户使用的数字化工具和数字化设备也越来越多，能够收集用户信息的渠道和工具变得越来越丰富。个人客户画像数据收集的主要渠道如图 3-4 所示。

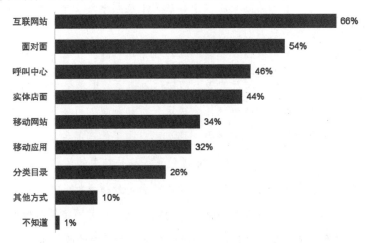

图 3-4　个人客户画像数据收集的主要渠道

企业平均通过 3 个左右的渠道来收集各类用户信息。受益于信息收集的便利性和低成本特性，互联网站是最为常用的数据收集渠道，其次是以面对面接触的方式收集的客户信息，排在第三位的是通过呼叫中心收集的信息。随着智能移动终端的普及和移动应用的快速渗透，来自移动应用的数据正在成为增长最快的数据收集渠道之一，越来越多的企业和组织增加了对移动端的数据关注和项目投资。

个人信息安全与隐私保护

个人信息是身份可以被识别到自然人的相关信息，包括以任何方式记录的姓名、出生日期、身份证件号码、个人生物识别信息、职业、住址、电话号码、电子邮件地址、照片、个人账号、医疗信息、个人设备识别信息或计算机 IP 地址等，以及其他单独或与其他信息关联能够识别到自然人身份的信息。

在实践中，最大化利用数据和有效保护用户隐私之间往往存在一个需要平衡的矛盾。一方面，企业希望加强与新兴数字消费族群的互动，需要从数据中了解用户的偏好，在业务运作中有效应用这些洞察来改进服务和体验；另一方面，企业要想与用户建立更长久的关系，不仅需要迎合和尊重用户的偏好，还需要合法处理和保护用户的隐私。

个人数据信息安全

在互联网时代，人们会因为各种社会生活需要在网络上留下个人信息和行为轨迹。无论是就医、求学、求职、购车、购房、购买保险、支付交易还是办理会员卡，都有可能留下各种个人信息。互联网服务发展的同时也带来了数据收集和使用的泛滥，这些个人信息如果没有得到适当的处理和有效的保护，就有可能导致不慎泄露或被恶意使用，个人数据信息安全已经成为每一个人都不得不重视的敏感问题。

国内外发生过多起社会影响极大的大规模个人信息泄露事件。在这些事件中，网络通信、医疗保险、银行资料、教育信息等商业信息泄露带来的潜在威胁最大。

- 2016 年 9 月，雅虎宣称至少 5 亿用户账户信息在 2014 年底被黑客盗取。泄露的信息包括用户姓名、电子邮件地址、电话号码、出生日期等常规信息，也包括密码问题的答案和一些个人专门设立的毫无规律可循的二次加密密码。
- 2016 年 3 月，美国通信运营商 Verizon 宣布他们成为数据泄露的受害者。黑客收集到大约 150 万企业客户的信息，包括联系信息。
- 2015 年 10 月 1 日，美国移动电话服务公司 T-Mobile 发出通告说，为 T-Mobile 公司处理信用申请业务的益百利（Experian）公司因遭受黑客入侵，导致 1500 万用户的个人信息泄露，包括姓名、出生日期、地址、社会安全号、身份证件号码以及用户用于信用评估的申请资料等附加信息。

关于数据安全的保护

大规模的信息泄露事件频发加剧了人们对于个人信息安全的担忧。泄露的信息主要被用于盗取身份信息、财务资料、数字账号和保密数据。越来越多的机构、学者和法律人士呼吁尽快制定和颁布相关的个人信息保护法，对公民个人信息的采集、处理、使用、安全和隐私保护问题做出详细规定。

- 欧盟在网络信息安全体系建设上有许多实践，在立法、战略和实践上都建立了完善的监管要求。欧盟颁布了《数据保留指令》，要求电信公司将欧盟公民的通信数据保留 6 个月到两年。但 2014 年 4 月 8 日，欧洲法院裁定《数据保留指令》无效，理由是该项指令允许电信公司对使用者的日常生活习惯进行跟踪，侵犯了公民人权。

■ 日本于 2014 年 11 月 6 日通过了《网络安全基本法》，规定电力、金融等重要社会基础设施运营商、网络相关企业、地方自治体等有义务配合网络安全相关举措或提供相关情报。

■ 新加坡于 2012 年 10 月通过了《个人信息保护法》，保护个人信息不被盗用或滥用于市场营销等途径。该法案规定，机构或个人在收集、使用或披露个人资料时必须征得同意，必须为个人提供可以接触或修改其信息的渠道。手机软件等应用服务平台也属于该法案的管控范围，法案规定禁止向个人发送市场推广类短信，用网络发送信息的软件也同样受到该法案的管制。

数据的所有权是数据信息安全立法的一个关键问题。一个相对公认的原则是：用户使用服务产生的数据虽然存储在厂商的服务器上，但是个人应当具有管理自己数据的权利。这一原则虽然仍存在一定争议，但是以保护用户利益为基础出发点的原则正是数据安全立法时考虑的重要因素。

个人数据隐私管理的基本原则

在数字化时代，如果个人信息安全得不到有效保障，用户就不敢选择你的产品和服务，也不会再信任你。企业在符合道德规划和法律约束的情况下，需要遵循信息安全管理的规范和原则，仅仅收集有限、必要的信息。

数据隐私管理需遵循的 10 项基本原则：

- 数据质量原则。明确数据质量的相关性、准确性，并包含最新的信息。
- 用户知情原则。有限、合法和公平地收集信息，事先征得用户同意或让用户知晓。
- 特定目标原则。收集信息时要具有明确、特定的目的，遵循平等交换的准则。
- 主体参与原则。收集信息时需提醒用户的权利和收集目的，让个人享有选择权。
- 有限披露原则。数据使用和披露仅限于特定或相关的目的，并公开明确承诺。
- 合理防护原则。采用有效的信息安全防护技术和机制，防止信息泄露和被篡改。
- 开放实践原则。开放有关个人数据管理的实践，总是应用最新的有效实践。
- 用户授权原则。个人有查看用户信息的权利，并且只有在获得用户授权的情况下才可以使用用户的相关信息。
- 用户更改原则。个人保留对信息进行更改和删除的权利。
- 安全责任原则。承担起与信息收集任务相符的数据安全和传输管控的责任。

个人数据隐私的自我保护

对网络环境的信息安全感到担忧的人越来越多，普通消费者既不了解专业的数据安全法规和复杂的数据管理规则，又难以掌握数据保护的基本技能。

不妨试试这样几个小技巧：

- 将个人信息资料与互联网络进行隔离。
- 不要轻易在网络上留下任何个人信息。
- 在网络上选择值得信任的企业或商户。

- ■ 在输入或传输重要信息时使用加密技术。
- ■ 使用最新的信息安全技术保护隐私信息。
- ■ 仅下载和安装值得信任的组织提供的应用。
- ■ 不要轻信网络广告，不打开不值得信任的链接。

总之，在数字化时代，不断丰富的信息在为社会和商业赋能的同时，个人信息隐私保护也越来越重要。

洞察：预测客户行为

- 只有少数有价值的信息值得分析
- 客户洞察分析的 SMART 方法
- 客户分群：管理客户的组合
- 三种典型的分析模型

"并非所有信息都具有分析价值，更非有价值的信息都被分析过。"

——笔者

只有少数有价值的信息值得分析

大数据时代的到来激发了许多营销人员的兴奋点，以为数据盈余的时代就要来临了。事实上，首先到来的是数据量的爆炸式增长，而非高价值信息质量的增长。在大众营销时代，数据采集和存储的成本较高，企业只能有限投资于相对有价值的数据，数据积累的质量密度也较高，数字化营销时代迎来了海量数据，企业往往将所有可以获得的数据都记录和存储下来，这带来了低价值密度数据的大量泛滥。数据的价值密度并没有随着数据量的增长而提升，反而有所下降。

著名研究机构 IDC 在 2015 年发布的一项数字化研究指出：在 2013 年，只有 22% 的信息具有分析价值，实际上只有 5% 被分析过；预计到 2020 年，将有 35% 的信息可用于分析，将有 10% 的信息被分析过。IDC 的研究指出这样两个现实：一方面，并非所有数据信息都具有分析价值；另一方面，只有少量有价值的信息被分析过。

与其让越来越多的数据沉睡在投资高昂的数据中心里，不如优先对现有的有价值的数据进行分析，应用数据分析发现的价值通过优化管理和营销策略来获得收益。

客户洞察分析的 SMART 方法

通过前面的描述，我们已经知道了常用的客户画像的应用，也理解了只有少量的数据具有分析价值，那么如何对客户数据进行洞察分析呢？

接下来介绍一个系统化的数据洞察分析方法——SMART 方法，如图 4-1 所示。

图 4-1　洞察分析的 SMART 方法

- 第一步，定义洞察策略，设定目标。
- 第二步，设计衡量指标，准备数据。
- 第三步，分析可用数据，形成洞察。
- 第四步，报告重要发现，展示结果。
- 第五步，形成转变业务的决策行动。

第一步：定义洞察策略，设定目标

首先要定义洞察策略。客户是企业重要的资产，每一个有效的客户策略都应从基础的客户定义出发，如忠诚客户、新增客户、活跃客户、流失客户等，在此基础上明确定义期望达到的业务目标，比如忠诚客户的价值分群、新增客户的渠道来源、活跃客户的行为偏好、流失客户的原因倾向等。

接下来设定目标范围。尽可能明确分析的范围，这样能够有效聚焦于需要分析的数据，将宝贵的时间和精力集中在最有可能产生价值的分析上。跳过这一环节，盲目地对全量数据进行分析和挖掘的做法并不可取，这不仅会使数据分析的工作量倍增，还会产生不相关的客户分析结果，分析结果成功应用的可能性也不高。

第二步：设计衡量指标，准备数据

首先梳理特征变量。客户分群模型在微观层面上进行数据分析和挖掘，用来描述客户的特征变量往往会达到数百个，有时甚至有数千个之多。

然后构建衡量指标。面对众多可用的分析变量，分析时设计有效衡量目标的指标体系尤为重要。可以结合客户属性和业务属性设计两维衡量指标，一个维度以客户的类型为主，可以应用客户画像或已经定义好的客户分群；另一个维度基于业务场景，可以是产品的组合或产品生命周期，也可以是服务的过程或服务生命周期。

接下来进行数据准备。从原始数据记录的提取开始，通过数据清洗、有效性验证和排错形成清洗后的数据，再经过数据排重和归并操作形成可供分析使用的数据集。

擅于利用工具提升数据准备过程的效率至关重要。做过数据分析的人都知道，准备数据的过程往往是分析过程中最为费时的一个环节，耗费 70% 以上的时间在数据准备上是常有的事。在准备数据的过程中尽可能地应用自动化数据处理工具或数据管理软件来提高效率，从而将更多精力投入在其他更加增值的环节。应用自动化的数据处理工具有助于减少人为差错，减少这类在数据处理过程中经常导致模型失败的根源性因素。

第三步：分析可用数据，形成洞察

首先建立对数据的全面理解。在应用数据分析和挖掘模型方法之前，应该通过基本的综合分析获得对数据的全面理解，比如数据的质量、分布特征和可追溯性等。这些理解不仅有助于为后续的数据建模分析提供极具意义的洞察，还有机会发现数据中存在的数据异常、不一致性或奇异分布，这类异常情况在形成可信赖的稳定分群结果前都需要被剔除出去。

然后应用分析工具和模型算法开发客户分群模型。客户分群的结果与输入的数据和选择的算法高度相关。要找到在统计上具有一致性意义且具有商业价值的静态细分，重要的任务是对不同的模型变量组合进行测试和学习。这一过程不能忽略的是，要将业务输入和用户细分输入在数据挖掘任务中视为一个整体来进行分析。

第四步：报告重要发现，展示结果

制定报告展示策略。对分析洞察发现进行结果展示并进行业务解释至关重要。报告分析结果展示的过程不仅有助于基于结果回顾分析洞察的过程是否正确和完整，还是促进将重要的发现转变成后续业务改进行动的关键环节。

运用适合的可视化展示工具。强大的可视化工具不仅能够展示文本信息分析、页面点击分布、社交关系联结、地理位置围栏等特殊的数据特征和变化趋势，还有助于着重突出重要的洞察发现，最大化洞察展示的效果，能够帮助其他人员更直观、快速地建立对分析洞察结果的全面理解。

第五步：形成转变业务的决策行动

接下来基于洞察结果形成策略。对于识别出的每一类客户细分，运用人口统计属性、流失倾向、潜在风险、交叉产品使用情况等维度变量对客户群的定位、忠诚度、信用和产品偏好等给出理解和详细的描述。每一个微观分群模型都能用来实现一个这样的目标，这些分群模型的组合或交叉能够提供更多的业务机会来对客户进行定义和选择。

最后制定带来转变的行动计划。到了这一步，分析洞察的任务就基本完成了，接下来是在业务中应用这些发现。对于营销者来说，最重要的工作就是优化每一类客户的终生价值，将对客户的价值、风险监控或营销机会转化成相应业务策略和可行的业务行动。例如，对于识别出有潜在流失倾向的客户，主动发起体验关怀行动，唤醒他们对于产品和服务的认知，或者向他们提供高性价比的产品，从而降低这些客户的流失可能性。

此外，理解客户分群结果的稳定性非常重要。客户分群结果并非一成不变，而是会随着时间等因素的变化而改变。例如，在数据可以支撑的情况下，对信用卡客户分群的变化和迁移情况进行连续地跟踪分析，掌握信用卡客户在一个信用评分周期中的消费还款行为和信用风险水平变化，这些洞察可以用来进行临时信用额度的调整，以及推荐适合的信用卡产品。

客户分群：管理客户的组合

　　有效的客户分群策略往往从管理客户的组合开始。虽然客户行为信息的数据化从理论上为实现一对一的客户分析提供了可能，但是在大多数情况下，实现基于客户分析的一对一营销仍是不切实际的想法，管理客户的组合是更可行的选择。客户分群通常从代表客户属性的数据标签分析开始，对具有相同特性的客户进行组合和归类，针对同一客户分群采取相近的营销或服务策略。

　　在客户营销应用上，常用的客户分群维度有（见图 4-2）：

图 4-2　客户营销中常用的分群维度

- 人口属性
- 交易历史
- 生命周期

- 内容互动
- 行为特征
- 客户个性

人口属性分群

基于人口属性特征是应用最普遍的客户分群方法。对于大多数产品型企业来说，产品的型号和服务的类型是有限的，这意味着可用的营销策略也是有限的，只需要将有限的产品和服务与目标客户群按照一定的策略规则进行适当的匹配，就能显著改善产品的营销效率。

人口属性分群主要依据的变量有：

- 性别
- 年龄
- 职业
- 地理区域
- 支付能力
- 教育水平

对于面向消费者的产品营销来说，基本的人口属性分群常常能够起到很好的效果。例如，一个定位于年轻女性使用的中档美妆产品，只要能够相对准确地定位城市中的年轻白领女性群体，应用对这类客户群偏好的媒体选择适合的营销沟通媒介，就能够在确保预期销售转化的情况下，在产品营销上节省可观的推广费用。

交易历史分群

企业通常能够连续记录客户的交易并保存完整的历史交易信息，对这些信息的汇总和分析能够获得相对完整的客户交易价值和连续的客户交易行为洞察。

客户购买历史分群主要依据的变量有：

- 购买频率
- 购买周期
- 平均订单金额
- 产品偏好
- 钱包份额
- 交易渠道选择
- 线下与在线偏好

从用户的产品交易和服务交互的历史记录中获得洞察，将目标客户按交易行为习惯进行分群能够获得对目标客户的历史贡献、购买行为特征和渠道互动偏好的理解，有助于策划个性化的目标产品推荐。

例如，从系统中挑选出具有周期性购买行为的客户，主动邀请他们加入专门设计的忠诚会员计划，向他们提供普通消费者不能享受的特殊权益，增加高贡献客户群的体验和价值感知，促进他们持续地贡献，提升这些客户群的忠诚度。

生命周期分群

生命周期是最常用与最有效的客户管理工具之一。生命周期分群就是识别目标客户在生命周期中的位置和状态，从而结合生命周期不同阶段的需求策划针对性的产品和服务，最大化客户生命周期的价值贡献。

生命周期分群通常将客户划分为这样的类型：

- 潜在客户
- 新购买者
- 重复购买者
- 忠诚的客户
- 将要流失的客户
- 已经流失的客户

生命周期分群用于指导客户导向的管理策略和营销行动，向不同生命周期阶段的客户提供差异化的互动策略，优化现有忠诚客户的营销绩效，重新激活有流失倾向的客户，以及赢回已经流失的客户。

内容互动分群

内容是网络数字化环境下最重要的产物之一。网络上不断创造出富有价值的数字化内容，这些形式多样的内容吸引着不同类型的客户群体。

内容互动分群考虑的主要因素有：

- 内容互动类型
- 内容标题偏好
- 内容风格偏好
- 内容频率偏好
- 内容类型偏好
- 内容分享偏好

　　通过分析你的客户与不同类型内容之间的互动特征和群体差异，理解哪些内容对于客户提供的利益和吸引力最大，理解客户的内容偏好并洞察客户的内容交互特征，用于指导设计客户互动的内容发布和营销传播策略，以实现更高的内容响应率和营销转化率。

行为特征分群

　　基于客户行为特征分群是最有效的客户分群方法之一，在数字化营销环境下连续记录用户的行为成为可能，这也使得客户行为特征分群成为越来越重要的应用。

　　以在线购物的客户为例，可以用于行为分群的因素有：

- 放弃的购物车
- 购买商品组合
- 在线参与度
- 渠道选择偏好
- 设备使用偏好
- 电子邮件阅读率
- 社交互动参与度
- 促销活动参与度

　　电子商务企业通过分析在线购物消费者的购买行为偏好、渠道接触行为和社交互动行为对消费者进行分群，从而获得有助于进一步优化营销策略和销售绩效的客户洞察。

客户个性分群

通过对用户消费的内容、产品和服务的相关性分析，能够洞察目标客户的个性特征，应用这些个性特征有助于准确定位潜在目标客户，从而策划高转化率的客户化营销活动。

例如，我们可以将零售消费者划分为：

- 节俭型顾客
- 砍价高手
- 大宗买家
- 布道者
- 卓越的顾客
- 高互动的不经常购物者

需要注意的是，客户的个性特征在不同的行业或不同类型的产品之间差异很大。一个在日常生活消费上的节俭型购物者在证券投资行为上表现得非常激进的情况并不少见。

三种典型的分析模型

企业通过数据分析建立的客户洞察设计更有效的客户管理策略，优化面向目标客户发起的营销活动和互动行动。数据是对状态、事件和行为的记录，蕴藏着大量有意义和有商业价值的信息。

如图 4-3 所示，聚类、预测和推荐是最经常应用的三种分析模型。

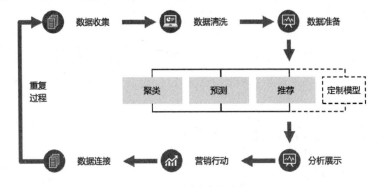

图 4-3　分析过程示意

聚类分析：发现数据中蕴藏的价值

聚类是一种应用机器学习算法的自动化数据分析技术，目的是从大量数据中发现可能的关联。如果说客户分群是基于相似的数据标签对客户进行划分，那么客户聚类就是应用机器学习的方法从大量数据中发现客户之间的相似性并实现自动归类的过程。聚类是一种强大的分析方法，在数据完备的理想情况下，能够对包含成百上千个标签属性的数据集进行编程计算和分析，从数据中发现具有相近个性特征和社群特征的客户族群。

面向产品、品牌和行为的聚类是最常见的聚类分析应用。聚类模型发现的客户分群常用于指导针对性的营销策略设计。例如，从客户群体中找出谁最有可能购买你的新产品，或者发现对特定品牌感兴趣的群体，或者找出喜欢长跑等有某些运动习惯的群体。

基于产品的聚类

产品聚类模型能够发现客户偏好购买的产品或产品组合。产品聚类模型既可以很宽泛地发现不同产品品类之间可能存在的关联性，也可以很具体地研究某个特定产品与其他产品销量之间的关联性，从而帮助你发现某类客户群与产品组合之间的购买关联性。就像广为传播的啤酒与尿片的故事，产品聚类发现能够帮助商家设计适合的产品推荐策略。例如，一个经营运动商品的在线零售商发现一些女性在购买儿童运动衣的时候也会给自己购买瑜伽服，这一发现有助于设计适合的产品组合促销。

基于品牌的聚类

品牌聚类模型告诉你客户更愿意购买的品牌特征。品牌聚类模型通过算法自动聚合出偏好某一特定品牌的客户族群，或者聚合出哪些客户对于特定品牌的新产品更感兴趣，或者识别出哪些客户群对于某个品牌具有更强的忠诚度。品牌聚类模型能够识别出那些对于品牌的偏好要强于对产品型号的偏好的客户群体，尽管同类产品的其他品牌推出了功能更强或款式更时尚的新品，他们也愿意等到自己偏好的品牌推出类似的新产品时再购买。

基于行为的聚类

行为聚类模型能够发现客户购买的行为表现差异，比如对于购买渠道的偏好。有些客户只在实体店面购买，有的客户偏好使用电话中心，有的客户喜欢在线购买，有的客户会在社交网络里先问问朋友圈的意见。行为聚类还经常用于发现客户对于促销刺激的行为反应，哪些客户只有在价格促销的刺激下才会购买，哪些客户对于价格刺激并不敏感。行为聚类模型算法经常能够发现一些你以前并不了解的新族群，从而帮助你改进客户识别和营销定位，结合特别设计的营销场景，策划相应的产品营销和服务策略。

我们来看两个聚类应用的示例。

聚类应用：信用卡客户的洞察应用

"信用卡不是银行业，是信息业"。

第一资本银行创始人 Richard Fairbank 曾经这样一针见血地指出数据对于信用卡业务的重要性。预测到 2018 年，全球每年会发生 3000 亿笔信用卡交易，这也意味着能够产生 3000 亿个可以更好地理解客户的机会。

信用卡客户细分的需求

信用卡公司对于持卡人的分析出于两个最基本的应用需求：

- 发起营销活动。一个大型信用卡公司每年会执行成百上千次营销活动，每次营销活动会根据产品定位和促销政策筛选目标客户群。应用聚类算法识别出的客户分群对于快速匹配营销活动的目标客户以及基于营销目标优化筛选目标营销客户列表提供快速和有效的支撑。
- 改善风险监控。风险管理是信用卡业务运营的核心，无论是向合格申请人评定信用等级、确定授信额度并发放信用卡，还是评估持卡人的信用交易风险，风险监控都是信用卡公司最重要的核心能力之一。风险监控对于计算的实时性要求较高，往往需要对风险程度进行评分和聚类分群，以缩小适用不同级别风险监控的客户群范围，从而进行实时监控。

信用卡公司也会出于以下目标对持卡人进行分析：

- 识别高消费潜力的客户，通过增加钱包份额让卡片成为首选信用卡。
- 更深入地理解客户，向他们交叉销售第二张信用卡或银行的其他产品。
- 选择性提升客户的信用卡额度或信用卡等级，最大化客户风险回报。
- 精确评估客户的价值和流失风险，采取策略来维系最有价值的客户。

- 将客户迁移到更具效率的还款方式和互动渠道，最大化客户利益。
- 增加与客户的沟通和产品推荐的相关性，赢得客户长期的满意和忠诚。
- 对用户交易行为和消费偏好进行预测，以实现更精细的客户细分需求。

对信用卡持卡人的行为分群

信用卡公司积累了持卡人消费购物的交易记录和支付还款行为信息，拥有数据量庞大、维度丰富的高质量密度的数据。

信用卡持卡人行为分群是典型的行为聚类分析应用，构建基于银行视角的持卡用户行为信息视图，包括对银行资产偏好、信用风险程度以及对其他金融资产的偏好，以实现更加细分的行为分群。

信用卡公司对持卡人行为细分的数据主要来源于：

- 生活方式。消费能够反映出持卡人的生活方式。
- 持卡数量。拥有多少张不同类型的信用卡。
- 消费频次。信用卡消费的次数、频度和金额等。
- 取现频次。使用现金的次数、频度和金额等。
- 用卡时间。通常在什么时间使用信用卡。
- 用卡场景。在哪些场景使用信用卡，场景越多，行为越丰富。
- 循环信用。使用信用卡循环信用额度的行为。
- 分期还款。有些持卡人在小额消费上也喜欢使用分期。

不同于传统零售行业更依赖于人口统计属性和消费价值细分，信用卡这类高频交易往往需要运用更加微观的分群方法，应用更多的行为细分数据标签来描述持卡人的属性特征和行为偏好。

洞察驱动针对性的营销策略

信用卡公司识别和分析持卡人的行为和交易特征，形成针对持卡人行为的聚类分群，对于不同特征的持卡人群体采用不同的营销策略。

- 针对"循环族"及时调整信用额度。"循环族"在还款到期日时并不全额还款，他们利用信用额度提供的融资功能持续进行消费，循环信用适用于较高的贷款利率，为信用卡公司贡献了高额的利息收入。对这类"循环族"持卡人中还款信用记录良好的优质客户群，及时调整他们的信用额度，策划更多鼓励信用消费的营销活动，在控制还款违约风险的同时提升他们的持续贡献。

- 刺激"消费族"增加用卡消费意愿。"消费族"利用信用卡公司提供的交易便利性进行消费，往往在还款日全额还款，他们具有较好的消费信用和较强的还款支付能力，多是社会地位较高、消费能力较强的社会群体。看起来这类持卡人并不经常使用信用卡的循环信用融资功能，更多使用信用卡提供的便利支付功能，但是他们一方面贡献了交易市场份额，另一方面也代表着良好的社会主流形象，对于信用卡公司发展新客户产生了正面的促进作用。这类持卡人是商家最喜欢的目标客户，信用卡公司向"消费族"提供更具吸引力的消费刺激奖励政策，同时利用商家对于这批客户群的依赖，拓展更多有利可图的合作商户，从帮助商户带来的消费引导和营销促进中分得更多的收益。

聚类应用：在线零售行为洞察应用

基于客户的态度、行为和动机对消费者进行细分，经常能够发现一些令人惊奇的洞察，从而促进客户营销策略的关键优化。

在线零售商以低价策略吸引客户的竞争无处不在。许多零售商在网站上对所有访客都提供相同的折扣和优惠，他们认为绝大多数客户都会为低价格所动。深入的零售消费者行为洞察研究表明，并非所有消费者都会为优惠所动，消费者寻求优惠购买的行为分布是连续的。

具体来说，在面对价格优惠刺激的零售购买行为上，对消费者面对优惠时的购买倾向性行为进行划分，可以得到连续分布的 6 类消费群体，如图 4-4 所示。

- 优惠上瘾者。总是主动通过在线、线下和移动的方式寻找最佳的优惠。
- 线下优惠者。更热衷于通过线下媒体和传统渠道寻求各种优惠的机会。
- 优惠恐惧者。总是寻找最佳的优惠，但是更偏好从信任的店面来购买。
- 优惠接受者。不主动寻找优惠，但会接受优惠，哪怕来自一个新店面。

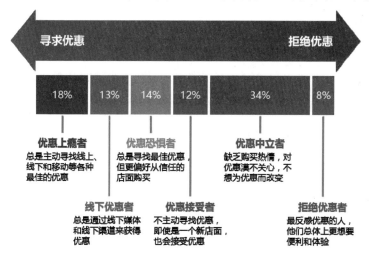

图 4-4　在线零售客户的行为分群

- 优惠中立者。缺乏购物热情，对优惠漠不关心，不想为了优惠而改变。
- 拒绝优惠者。最反感优惠的人，他们总体上更想获得的是便利和体验。

由于篇幅所限，我们对其中两个最有代表性的消费者群体进行解读。

优惠上瘾者

优惠上瘾者群体喜欢购物，对于获得最佳的优惠机会非常感兴趣，他们几乎 100%都认同："我就是沉浸在产品和服务的最佳优惠中"。

在数字化时代，优惠上瘾群体往往是伴随着团购网站的发展而成长起来的一批年轻用户，他们不仅喜欢代金券和各种降价促销，还会在购物时主动寻找各种优惠机会。统计显示，优惠上瘾群体中年轻人居多，在线购物者中年轻人的占比更高，他们比其他群体更频繁地访问团购网站和点评网站。

这一群体在互联网络和社会化媒体上非常活跃，在社交网络上浏览到他们喜爱的品牌或产品的帖子时表现得更为活跃。他们更容易受到优惠促销广告的影响，在社交网络上看到产品和服务的促销后会购买的概率是平均水平的 2.5 倍。当他们收到朋友们给出的产品和服务推荐时，无论是以面对面还是在线的方式，他们最终购买的转化率比平均水平高出两倍以上。

想要覆盖这类主动寻求优惠的消费群体，代金券或降价促销的营销活动会非常有效，可以通过社会化媒体平台向他们发送特别的优惠促销方案，以大力度的折扣鼓励他们将活动信息分享给朋友和家人。

拒绝优惠者

与优惠上瘾者相比，拒绝优惠者是另一端的消费者群体。拒绝优惠者不仅对优惠无动于衷，而且还会主动避开那些优惠刺激，与简单的折扣优惠相比，他们更加认可便利、服务和品牌的价值。他们不怎么喜欢购物，有 26%的拒绝优惠者在购物时购买到需要的东西之后就会离开。他们使用社交网络的频率和时间也低于平均水平，有 59%的拒绝优惠者不相信在社会化媒体上收到的广告信息，也不太喜欢与品牌在社交网络上发生互动。

也许你能猜到，不同于优惠上瘾者中以年轻女性为主体，拒绝优惠者群体中以男性占比居多。统计显示，男性占比达 58% 之多，他们的平均年龄也偏大。这类消费群体值得关注的重要原因在于，与平均水平相比，他们具有更高的收入水平和消费自由度。他们对价格不太敏感，更愿意选择能提供快速和便利体验的产品和品牌进行消费。

理解了这些，你就知道为什么不能以优惠刺激覆盖这类客户群了，不要浪费资源向他们提供优惠折扣或代金券，事实上这样的做法反而有可能会把他们吓住。你需要转变营销方式才行，比如考虑提升支付的便利性和整体的购物体验，提供特别的"快速通道"避免消费结帖时的排队等待，或者提供送货上门的交付服务选择等。

洞察改进营销策略

显而易见，运用大众营销渠道同时覆盖优惠上瘾者和拒绝优惠者这两类群体的做法很难同时取悦他们。事实上，向拒绝优惠者和漠不关心优惠者提供优惠刺激只会拉低销售价格，如果是为了更高的收益，不提供价格优惠反而是正确的策略。

重要的是，你需要知道哪些消费者是想要优惠的，哪些消费者是完全拒绝优惠的。这样的营销观念并不限于针对主动寻求优惠的消费者，没有两个消费者是完全一样的，同样对待他们并没有什么益处。

通过更加智慧的消费者洞察可以更策略性地实现客户分群，制定更佳的营销策略，决定谁应该收到哪些促销信息或产品推荐。获得消费者群体之间差异化的洞察能够指导设计特别的优惠活动和折扣方案来满足那些对优惠敏感的消费者的需求，并且执行不要向那些不关心优惠的消费者提供任何优惠的策略来增加利润。

预测分析：洞察客户未来的倾向性

预测分析是通过对消费者过去的行为学习来预测他们未来的行为倾向性表现。预测分析经常用来支撑营销策略的设计，通过对历史数据的建模分析、训练优化和营销测试对客户未来的行为倾向性进行预测，指导设计更适合的营销策略。

以下这些客户营销决策的过程经常用到预测分析：

- 客户下一个最想购买的产品。
- 客户对于某个营销渠道的偏好。
- 客户对特定产品的购买倾向性。
- 客户未来的价值贡献潜力。
- 客户最有可能向谁推荐。
- 客户最希望看到哪些内容主题。

常用的预测分析应用会用到 RFM 预测、营销响应预测和产品组合预测。

RFM 模型

RFM 是在预测分析广泛应用之前普遍采用的分析方法，用来对客户未来可能的价值进行判断和分群。RFM 模型基于这样的出发点：如果客户从你这里购买产品的时间更近、频率更高或花费更多的费用，这样的客户更有可能再次向你购买。RFM 模型记录客户最近的购买时间间隔、最近一段时间的购买频率和平均购买的金额，基于这些信息建立模型分析和预测客户未来再次购买的可能性。

营销响应预测模型

营销响应预测模型用于分析和预测不同的客户群对于不同的营销要素的响应情况。营销响应模型可以用于分析和预测客户对于不同互动方式的营销响应情况，也可以用于分析和预测对于不同产品偏好的营销响应情况。对于电子邮件营销来说，营销人员应用响应模型来预测向不同类型的客户群体发送电子邮件的打开率和转化率等营销响应情况。

产品组合预测模型

产品组合预测是基于产品的特性向潜在目标客户提供组合式的产品选购建议。大多数电子商务网站在产品页面上应用产品组合预测模型向浏览用户推荐相关的其他产品。亚马逊的产品组合预测模型更加精细，能够根据登录用户的购买历史和行为偏好在同一个产品展示页面上给出更加个性化的产品组合选购建议。显然，亚马逊的预测分析算法更加科学和精准，传递给用户的体验也更好，同时对历史数据基础和预测分析算法的要求也更高。

预测应用：应用预测促进客户转化

"看起来像"的预测

"看起来像"是一项用来找出与种子用户相近的客户群体的预测分析技术。你可以用"看起来像"的方法发起数字广告营销，自动化筛选适合的目标客户发起互动，节省营销传播成本，提升营销绩效。

"看起来像"的群体更可能具有相近的特征，比如：

- 毕业于同一所学校
- 在相近的区域活动

- 使用相同的品牌
- 喜欢同一位明星
- 喜爱相同的运动项目
- 拥有相近的观点主张

相似的用户匹配

"看起来像"模型是一项强有力的营销工具，营销人员可借助这样的模型方法从网站访客或其他数据源中识别与现有客户群体具有相似行为特征的潜在目标客户群。

许多数字广告商应用"看起来像"的预测技术优化营销目标受众的筛选。例如，脸书、推特、微信都在应用类似的预测技术设计用户互动策略并发起用户互动营销行动。

以脸书为例，应用这一预测方法的逻辑是这样的：

- 首先，上载包含有特定客户信息的数据列表。这些特定客户可能偏好某一个品牌档次的服饰产品，或者关注同一个篮球明星的赛季表现，或者在环境保护方面怀有相近的理念。
- 然后，脸书根据数据标签属性从数据库里执行匹配操作。例如，基于拥有相同域名后缀的电子邮件地址匹配来自同一所大学或同一个商业机构的名单，可以根据用户选择的兴趣标签匹配爱好相同体育运动项目的群体。一般来说，成功的匹配要求上载的列表中需要包含至少 100 个可以匹配成功的记录。
- 最后，当能够匹配出不少于 100 个注册账号后，脸书就会应用预测分析技术的内部算法在用户数据库中匹配与原始上载列表中"看起来像"的名单，对这些名单进行营销测试和验证来持续优化"看起来像"的预测。

这一方法能够支持不同目标的数据库营销。你也可以应用这些方法为数据库里的用户添加相应群族特征标签来支持后续的营销应用，比如"某某明星的歌迷""素食主义者""每日万步走族"，等等。

领英的职场社交圈

领英（LinkedIn）是"看起来像"应用的领先实践者。领英的服务对象定位于职场人士，他们本来就喜欢在不同的职场社交圈里活动。

领英支持用户发起建立和主动管理自己的职业兴趣圈，由此形成了大量不同的职场社交圈。领英提供了多个"看起来像"的应用引导用户主动寻找具有相似教育背景或关注相近专业领域的职场人士，进而发现适合用户职业发展的工作机会。领英也引导和鼓励用户利用领英提供的在线工具发起与"看起来像"的职场人士或招聘主管的互动交流。

领英利用"看起来像"的预测分析创造了更多的用户互动，增加了注册用户的活跃度和用户之间的社交黏性。更为重要的是，领英通过激发和引导这样的用户互动过程产生并积累了更多富有价值的用户行为，能够帮助领英更好地学习、识别和应用这些知识，更好地支撑获利的面向企业提供的服务，有助于向企业更准确地推荐适合的职位候选人。

推荐分析：促进客户营销收入增长

"喜欢这个产品的客户可能也喜欢……"亚马逊在网站上应用的这一著名范式让推荐模型变得人人皆知。推荐模型通过主动推荐客户可能感兴趣的相关产品、服务或内容成为促进产品购买转化、维系客户关系忠诚、增加客户价值贡献的有效方式。

数字化环境下的推荐可以是产品和服务的推荐，也可以是内容和知识的推荐。向客户成功推荐相关的产品能够带来直接的收入增长，向客户推荐相关的内容会增加客户与品牌的互动机会，给客户带来更好的体验，间接地提升品牌的忠诚度和未来的购买转化率。

从技术上来看，推荐模型应用贝叶斯网络、频繁项目集等机器学习算法构建协同过滤模型，实现向客户推荐相关的产品、服务、内容或其他选择。

推荐应用：向客户推荐适合的产品

交叉销售和向上销售是最常见的两类推荐应用，都有助于增加平均订单金额。"套餐加大吗？"麦当劳这一经典的向上销售语录在各个行业都有不同的应用版本。与向上销售不同，交叉销售并不是向客户推荐购买更多或更高版本的产品，而是推荐特别的其他产品。

推荐可以是基于客户的应用，也可以是基于产品、服务和内容的应用。虽然最好的推荐一定基于客户的个性特征和行为偏好的相关性，但在实际营销实践中，受限于对客户全面理解的程度和产品品类的可选择性，多数的交叉销售推荐还是与产品、服务和内容相关，只有少数能做到与客户相关。

推荐系统的应用机制如图 4-5 所示。

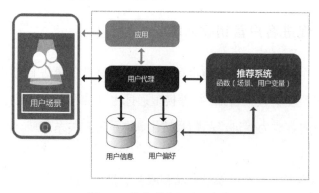

图 4-5　推荐系统的应用机制

在购买时推荐相关的产品组合

电子商务网站经常在客户购买的场景里设计交叉销售的推荐，有时在购物网站的产品展示页面推荐，有时在结账前的购物车确认页面推荐，有时在支付完成后的响应页面推荐。例如，向选购喷墨打印机的客户推荐与打印机规格相匹配的专用墨盒，或者向选购手机的客户推荐配套的手机保护壳。

当然，推荐并不止应用在产品页面，也可以结合客户购买过程的浏览行为进行推荐。例如，在客户结账的时候，再次推荐客户在购物过程中曾经浏览过的商品，有可能再次唤起客户的购买兴趣，增加结账时购买的转化率。

结合客户的生命周期进行推荐

客户在生命周期的不同阶段有不同的特征和需求，这些洞察发现可以用来改进向客户的推荐。商家能够根据客户购买的一些特定产品组合的历史记录准确地判断他们所处的家庭生命周期阶段，并据此进行相关的产品和服务推荐。

一些特殊品类的生活消费产品有着明显的生命周期属性特性。例如，商家根据用户购买的婴儿产品规格能够准确判断出某个家庭拥有的孩子数量、性别、年龄、身高、体重等特征。有孩子的家庭总是需要其他一些特定的商品和服务，商家基于这些洞察能够设计更加准确的推荐，比如推荐适龄儿童的生活用品或玩具，或者预先植入下一成长阶段的产品品牌，引导这些家庭的关注或试用，提升后续选购相关产品和服务的转化率。

对于媒体内容的关注也可以用来预测客户的生命周期阶段。人们往往在计划的时候就会开始关注一些特定的内容资讯，对特定的商品和服务产生搜索和内容学习的需求。通过在分析算法中加入这些内容相关的行为信息能够更精准地判断客户对于产品和服务的需求。

让客户自主选择和管理推荐

亚马逊是预测推荐的大师。亚马逊应用先进的数据分析技术预测客户的产品购买需求，向客户推荐相关性较高的产品和服务，同时还提供让客户主动管理推荐的选择。亚马逊的注册用户能够对不感兴趣的推荐或推荐的不适合的产品进行标注和设置，其推荐算法能够根据用户的选择进行学习和优化。

推荐很难做到百分百的准确，适时地引入客户的参与对于改进推荐的体验和最终转化效果帮助很大。在客户看来，商家的推荐中有些是客户根本不感兴趣的产品，有些推荐的产品是客户已经在其他地方购买过了的，这些推荐重复出现无疑会影响客户的体验。

亚马逊在推荐中引入客户主动管理的做法有许多好处，一方面，这样的交互能够改善客户浏览网站和购买过程的推荐体验；另一方面，客户对于推荐产品的标注和设置帮助亚马逊的推荐算法实现客户化的学习和优化，进而提升下一次推荐的准确性和个性化体验。

互动：创造客户信任

- 数字化分析的变化
- 在每一个渠道创造卓越的互动
- 关注数字化环境下的客户旅程

"信任驱动客户互动。"

——笔者

数字化分析的变化

传统的客户数据分析

传统的客户数据分析通常是基于宽表的数据分析。宽表里的每一行代表着一个独立的客户记录，客户的属性和特征以宽表中的列标签和列值来定义和描述，这样宽表中的每一条客户记录以列值的数据集合来描述客户的属性特征。客户的数据项越丰富，宽表中的列就越多，对于金融、零售等一些业务比较复杂、交易比较频繁的行业，构建用于客户分析的宽表可以包含多达数百个甚至数千个不同的列标签属性。

在线购物客户分析如图 5-1 所示。一条完整的用户记录除了身份识别信息外，还包括性别、年龄、职业、注册时间、收入水平、购买记录、交易时间、地址位置等相关的数据字段，以及这些数据字段通过逻辑运算产生的衍生字段。这就构成了可供客户分析用的宽表。

图 5-1 传统客户分析的数据结构

对宽表中的数据集进行统计、分析和挖掘，以期获得对用户更好的理解。不难看出，在对宽表中的数据进行分析时，具有相同数据字段组合的客户具有相似的特征。也就是说，宽表分析主要是对数据的组合进行分析和挖掘，从中发现有价值的洞察。

数字化客户数据分析

在数字化交互的环境下，这样的宽表分析并不一定能见效。那么数字化环境下的客户分析有什么不同？

下面以一个用户浏览在线商旅网站的例子说明数字化环境下的客户分析特点。图 5-2 列出了两个不同的用户在线浏览行为过程的记录，分别以数据集 1 和数据集 2 表示。

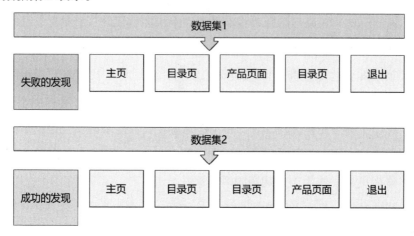

图 5-2　数字化分析的数据集

第一个数据集代表用户登录主页后，通过产品目录页检索到了产品页面，然后又回到了产品目录页，随后退出。而另一个数据集代表用户同样登录主页，通过产品目录页检索到了另一个目录页，再次检索到达产品页面，然后退出。

如果两个用户具有相近的人口统计属性特征，从传统的客户数据分析角度来看，这两个用户可以归为一类群体；但是从数字化互动分析的角度来看，虽然这两个数据集代表的用户浏览了相同的页面组合，但是从数字化交互结果来看显然是两个截然不同的分类。第一个从产品目录页退出的用户并没有找到感兴趣的产品，是一次失败的数字化交互；而第二个从产品页面退出的用户有更大的可能性找到感兴趣的产品，从用户成功的角度看是一次成功的数字化交互。

数据的次序代表了客户旅程

数字化交互反映了客户在数字化世界的旅程。新用户与老用户相比，往往需要更多的点击才能完成商品的选择和购买。如果能够通过分析优化客户的数字化旅程，减少用户的在线点击次数，减少不必要的选择和交互过程中的回退环节，提升用户购买旅程的顺畅性和速度，不仅能够提升用户体验，还能提升转化的效率和最终的业绩。

从某个知名的电子商务网站的研究发现，新用户在找到想要购买的商品后，平均要点击 90 次才能完成从新用户注册、实名验证、绑定银行卡、选购商品、成功支付的完整过程。对于新用户来说，设计复杂的交互过程和并不熟悉的业务场景会影响是否能够完成注册过程和首次购买，烦琐的体验也难以让他们转化为更加成熟的重复购买的活跃客户。

传统的数据分析更关注数据的完整性和数据的组合，帮助你建立对客户的理解，指导你设计适合的营销策略，向客户提供更适合的产品和服务；数字化分析不仅关注数据的组合，数据的次序也变得重要，帮助你判断用户是否成功，指导你采取适合的交互策略，在适合的时间，以适合的方式与正确的客户发起和建立交互。

从关注数据代表的行为组合分析到关注数据代表的行为次序分析，你能理解这其中的差别了吧！

在每一个渠道创造卓越的互动

在第 4 章，我们介绍了客户分群的重要性，企业针对不同的客户分群设计差异化的营销策略，并发起相应的营销沟通行动来实现营销目标。进入移动互联为特征的数字化时代，企业与客户之间的交互方式发生了变化，社交连接对于客户的数字化决策旅程的影响很大。

发起以下互动行为的背后很可能是同一个客户：

- 忙于多个会议管理，利用电话处理商业事务。
- 在微信、微博等社交网络表达自己的声音。
- 在咖啡厅用笔记本电脑发送电子邮件。
- 拨打热线电话联系客户服务代表。
- 在家里使用平板电脑浏览相关网页。
- 希望了解最新发布产品的到店访客。

面对众多互动渠道上发生的海量客户互动，要想从不同的设备和不同的渠道追踪同一个人的行为轨迹，就需要建立一个集中化的客户交互决策支持系统来负责管理与客户之间发生的所有交互。

SAS 公司提出了一个客户决策中心的应用框架，如图 5-3 所示。这一框架基于真实的用户交互场景和全渠道沟通模式构建组织实现价值驱动的营销所需的决策分析支撑。在这个整合了全渠道客户交互的决策中心支持系统上，所有的客户数据都保持同步，构建客户洞察分析模型，设置管理规则与决策条件，管理企业与客户之间所有的营销、销售和服务活动。

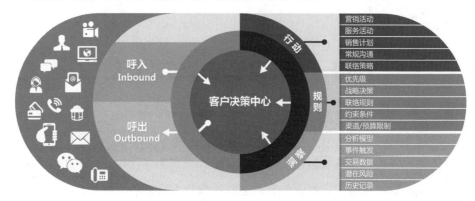

图 5-3　SAS 提出的客户决策中心框架

关注数字化环境下的客户旅程

回到客户生命周期的主题上来，不仅处在生命周期不同阶段的客户需要区别对待，每一个处在数字化交互旅程中的客户也适用于不同的交互策略。

在数字化的环境下，你必须关注并深刻理解用户成功的意义。想象一下这样的场景，一位用户接到商家的电话向他推荐刚刚购买过的商品，或者用户的邮箱里总是收到他并不感兴趣的商品促销推荐，或者社交网络不断向他推荐他一向反感的品牌。要想避免这种情况发生，就必须理解用户成功的真正意义，关注用户的数字化旅程，优化用户的数字化互动策略，传递适当的用户体验。

应用数字化分析帮助你优化以下目标：

- 促进生命周期价值的增长。

- 发起互动转变客户的状态。
- 选择适合的互动接触模式。
- 选择正确的客户发起互动。
- 影响尚未做出决策的人们。
- 应用地理位置发起互动。

客户互动策略一：促进生命周期价值的增长

客户营销的目标是最大化每一个客户的生命周期价值。每一个客户在生命周期中的状态都是不同的，客户中的一些人刚刚购买你的产品，有的已经是经常购买你的产品的老顾客，有的已经很久没有光顾你的店面了，有的人已经在试用竞争对手的服务，他们分别处在生命周期的不同阶段。

创造客户价值的三种力量

在创造与客户的关系中，通常有三种基本的价值力量在起作用：

- 经济价值。客户是否觉得你的产品值得购买？你是否向客户提供了足够的经济价值，让他们愿意从你那里购买，并且你也能从客户的交易中获得长期利益。
- 关系价值。客户是否觉得和你保持关系具有价值？关系价值的影响因素包括情感的投入、决策的风险、延续的产品以及对产品的依赖程度等。
- 体验价值。客户与你的互动过程是否感觉到舒适？这需要你能理解和预测客户的行为，并且在客户旅程的不同阶段传递适当的体验。

不同的品牌与客户建立价值连接的方式和深度不同。传统的零售商更多与消费者建立基于经济价值的关系。金融企业更愿意与投资者建立基于信任价值的关系。数字化环境下的客户通过持续的内容互动更容易形成基于体验价值的关系。在多数情况下，这三种价值同时起作用。

如果客户觉得不能获得价值，他们就会逐渐远离你。

客户生命周期营销策略

客户生命周期分群常常应用于客户导向的差异化营销。一般来说，客户生命周期划分为以下 6 个阶段：

- 潜在客户
- 新客户
- 活跃客户
- 忠诚客户
- 不活跃客户
- 流失的客户

客户生命周期阶段的营销策略如表 5-1 所示，你需要综合应用三种价值力量来提升客户的生命周期价值，提升客户的活跃度，让活跃客户变得更加忠诚，关注和重新赢回那些有流失倾向的高价值客户，收获客户生命周期价值的增长。

表 5-1　客户生命周期策略

生命周期阶段	阶段定义	营销目标	互动策略
潜在客户	以前没有购买过的人	建立连接，转化购买	交付第一次价值或实现第一次体验
新客户	90 天内的第一次购买者	让他们再次购买	欢迎新客户，理解他们购买的原因，以及与现有客户的差异
活跃客户	90 天内至少购买过两次	保持互动，鼓励他们推荐朋友	持续取悦他们，推荐新的价值

（续表）

生命周期阶段	阶段定义	营销目标	互动策略
忠诚客户	持续购买你的产品	维系和加深关系，鼓励他们推荐	加深关系，设计忠诚计划提供额外的利益，奖励他们的贡献
不活跃客户	90 天内没有购买	重新建立客户互动	调查满意度，给他们一个再次购买的理由
流失的客户	6 个月没有购买	重新激活这些客户	表达想念，给他们一个再次购买的理由

对于处在不同生命周期阶段的客户，你可以采取不同的策略：向潜在客户传递经济价值促销，吸引潜在客户的第一次购买；向新客户传递精心设计和体验价值，再结合适当的经济价值刺激，促进他们尽快完成下一次购买；对于忠诚的客户设计忠诚计划，传递关系价值，并综合体验价值和经济价值的组合优化现有客户的营销绩效；要想赢回那些已经流失的客户需要更多的努力，你必须设计有吸引的经济价值，并且向他们提供兼顾关系价值和体验价值的营销策略，从而有机会重新激活或赢回那些已经流失的高价值客户。

客户互动策略二：发起互动转变客户的状态

如果把企业拥有的客户资产看成一个蓄水池，客户的状态就如图5-4所示。客户经营的目标是通过获取更多新客户、减少活跃客户的流失、激活沉默的客户等方法来提升活跃客户的数量水平。

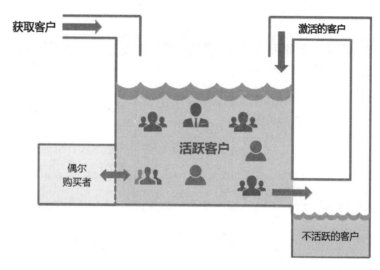

图 5-4　客户活跃状态的示意图

第一次价值吸引，获取更多新客户

企业新增的客户数量至少要等于同期流失的客户数量才能维持活跃客户的数量水平。企业每年需要新增的客户价值与企业的客户流失率以及客户价值的迁移相关，获取的新客户数量当然越多越好。如果你总是能够获取更多高价值的新客户，而流失客户的平均价值较低，那么不需要获取与流失客户数量等同的新客户也能通过优化活跃客户的价值质量而获得客户价值的整体增长。

唤醒重复购买，防止客户流失

当客户离开时再想办法显然已经太迟了。数字化世界的客户离开后，你可能连找都找不到他们了。你必须应用数字化分析方法持续识别客户的活跃状态，提前预见客户可能的流失倾向，在客户流失之前就采取措施及时互动和干预才是应对之策。

研究表明，对于大多数产品来说，如果开始的几个月内没有发生重复地购买，那么以后也不太可能发生。如果让零售客户购买第二次，6 个月流失率会从 70% 下降到 30%。换句话说，仅有 30% 的首次购买者会回来再次购买，70% 的二次购买者会回来重复购买。

传统的零售业往往在一年以后才能判断客户是否已经流失。对于数字化服务来说，一年的周期显然太长，6 个月在数字化经济中已经太久了。通常来说，3 个月活跃率的变化趋势已经是判断数字化客户流失趋势的关键指标，月度活跃率是衡量数字化客户活跃状态最重要的指标之一，许多提供数字化服务的企业根据每周的客户活跃率变化而设计相应的营销活动。

创造新的价值，激活沉默客户

研究显示，激活沉默客户的成本仅相当于获取一个新客户的成本的十分之一。策划一些专门针对首次购买者的营销活动，激励他们尽快形成重复购买，是提升客户贡献、减少客户流失的关键。

当客户离开后，他们并不是真的全部都流失了，你还有机会与他们重新建立关系。许多数字化企业的客户活跃率并不高，针对这些不活跃的客户策划营销活动，创造与这些客户的互动机会，策划承载新的经济价值和体验价值的营销活动，吸引沉默的客户回来购买，也能产生非常可观的价值增长。

客户互动策略三：选择适当的互动接触模式

你的企业一年与客户有多少次接触？

由于业务模式的差异，不同的公司与客户的互动次数和频率差异很大。

- 汽车保险的客户每一年都需要续缴保费。
- 移动通信的用户每个月查询一次账单并完成缴费。
- 亚马逊的活跃用户平均每周都会登录查询有什么新奇的东西值得购买。

很明显，要实现各自商业意义上的成功，这几家公司与客户之间的互动模式也是不同的。

- 汽车保险公司与客户主动沟通的频率并不高，但在每年续缴保费的阶段往往愿意安排高成本的客户经理与客户电话沟通，告诉客户今年的保费是多少，然后引导客户完成续期缴费过程。
- 通信公司没有那么多的客户经理，但有着信息沟通上的便利条件，往往通过短消息的方式发送账单通知，客户再选择相应的渠道完成缴费。通信公司发起新套餐和新服务营销的方式，习惯性地依赖短消息和电话渠道。
- 亚马逊采取的是一种无声的互动方式，常常通过电子邮件通知客户感兴趣的商品或促销活动，或者邀请客户加入 PRIME 会员计划，培育会员客户养成关注的习惯，经常性地主动登录网站浏览查询亚马逊的最新更新和促销推荐。

一般来说，企业愿意与高贡献价值客户保持更高频度的接触，与贡献价值较低的客户保持相对较低的接触，或者让低贡献客户自助完成服务。

客户交互可以分成三种类型：高接触、低接触和技术接触。

高接触

高接触（High Touch）模式通常是人员密集型接触。人际接触的成本显然较高，企业通常根据客户支付的产品价格决定何时采用高接触模式。

高接触模式常常应用于具有重要的商业关系管理上。对于大型的商业客户，或者特别重要的个人客户，企业都不约而同地采用高接触模式。一些重要的事件也会触发企业采取高接触方式的行动。例如，产品故障时的服务请求与补救，或者投诉受理等可能伤害商业关系的敏感事件。

典型的高接触情景有：

- 程序化开户，如创建一个证券交易账户。
- 复杂的交互，如申请贷款的信用审核。
- 定期的更新，如快要到期的车险保单。
- 定期的检查，如每年定期的身体检查。
- 定期的会议，如大客户的月度评审会议。

在高接触模式下，主要的互动都是以人员为基础通过面对面或电话互动的方式发起的，如保险合约到期续保的定期沟通，或者针对重要客户的忠诚奖励回馈。高接触模式面临的关键挑战是如何在获得最大收益的情况下平衡高接触的相关成本。

对于保险公司、金融服务公司、教育培训公司等需要客户在产品和服务上动辄支付数千甚至数万元的公司来说，高接触方式是最佳的互动策略。如果你的客户需要支付的合同金额较高，即使客户数量非常庞大，也需要采用高接触的方式。以小额金融信贷为主要业务的 P2P 公司，线下员工数量动辄数以万计，原因是需要大量线下人员以高接触的方式开发那些有贷款需求的客户。

低接触

低接触（Low Touch）模式是高接触和技术接触的混和模式。对于那些在战略上并没那么重要，或者价值贡献并不太大的客户，高接触模式显然成本过高。在这种情况下，企业往往采用以电话接触和自助服务为主，以人员接触为辅助的低接触方式。

大多数传统零售公司拥有大量线下客户群体，他们不具备网络零售商那样的先进技术能力，适合采用低接触模式。

典型的低接触场景有：

- 简单的用户注册过程。
- 现场自助的点餐服务。
- 定期的自动化检查。
- 在店面完成移动支付。
- 查询交易账单和记录。

客户支付的合同价值而非客户数量的多少决定适合采用高接触模式还是低接触模式。低接触模式适用于大多数非技术公司和零售型企业。B2C 零售型企业往往拥有数量庞大的客户群体，大量位于客户价值贡献的中间层，采用低接触模式有助于实现经营收益的最大化，至少在操作上是切实可行的。

技术接触

技术接触（Tech Touch）是以数字化技术为主要特征的接触方式。对于大多数人来说，技术接触模式可能是最复杂、最具规模化潜力的模式。

互联网技术的发展降低了用户连接服务的门槛，在提升接触效率的同时也降低了销售的成本。互联网带来的长尾效应使得企业能够利用互联网络向海量的用户提供海量的产品选择。对于大多数 B2C 网络公司来说，数字化接触不仅是必需的，而且几乎是唯一可行的选择。对于新兴的以 SaaS、PaaS 等模式提供云服务的公司，数字化接触已经成为面向中、小企业的主要接触方式。

数字接触的情景比比皆是，例如：

- 关注一个微信公众号。
- 收到电子邮件订阅通知。
- 在线点播视频内容。

- 参加网络在线研讨会。
- 收到手机应用的提醒。

在技术接触模式下，接触的时间、方式和内容对于接触的成功与否显得非常重要。以电子邮件为例，一封有效的电子邮件需要合适的接收时间，与收件人的相关性，还要包含有用的信息。越来越多的信息分析技术被用来改进数字接触的有效性。我们在前面的章节中探讨过的客户画像信息和行为洞察技术就经常用来改进数字化接触的策略，提升数据接触的效率和成功率。

随着数字化场景的丰富，技术接触的过程也变得更加多样化，在后续的章节中还会进一步探讨相关的内容。

客户互动策略四：选择正确的客户发起互动

一家信用卡公司的电话销售部门负责人曾经颇感自豪的讲过这样一句话："我们电话销售人寿保险的成功率达到 4%"。

从回报和投入上看起来非常划算，这样的成功率能够让这个电话销售中心获得丰厚的收入和利润回报，自然也会激励他们加倍努力打出更多的电话。

如果换个角度，从客户的视角来看，还是有高达 96%的客户并没有选择你的产品，这其中有相当大比例的客户感觉到被打扰了，更何况多数的电话销售中心还达不到这一指标。如此之高的销售失败率，也意味着在大多数时候仍然是在向错误的客户进行销售，或者在不当的时间以不当的方式打扰了客户。

向错误的客户销售带来的影响

如果选择销售的客户不正确，那么会带来什么影响呢？

当想追求更高的销售结果的时候，你会忽略如何找到正确的人，转而想向更多的人去销售。就像一个手里拿着锤子四处寻找东西的小孩，为了满足自己的好奇心到处乱敲，这样的结果在不受监管的情况下就容易闯祸。这种思维下的销售行为往往会带来极大的负面影响，有时甚至是灾难性的。

你会想办法招募更多的销售人员，用更严格和强硬的考核指标驱动销售大军前进。甚至会用个别业绩特别好的销售员案例刺激其他人，你会这样说，"你看看人家是怎么做到的？"这些话的确会让一些人努力，也会让一些人感到自卑，但是在大多数情况下，员工会表面迎合你，私下里不以为然。

诸如此类的销售会让更多的顾客受到打扰，甚至包括一直以来还带有一些好感的客户，这会产生更多的客户投诉和潜在抱怨，也会导致越来越多的客户开始流失，客户的流失也会带走他们的抱怨，甚至给你带来投诉抱怨有所下降的假象。销售人员更关注眼前短期的业绩任务，无暇关心这些不断重复的事实。这种疯狂销售的做法还会产生更多有挫败感的员工，员工也开始不停地离开，导致销售人员的高流失率。

如果认真算过这些账是否划算，得出的结论或许会谨慎许多。

正确的客户是这样一些人：

- 乐意收到你的产品和服务信息的人。
- 正在寻找相关产品和服务的用户。
- 从你的产品获得价值的消费者。
- 愿意向朋友圈推荐你的人。
- 主动向你提出改进建议的人。

过去，你可能更关注渠道的力量，现在需要围绕客户采取行动。在你还没有与客户建立关系的时候，找到他们，让他们了解你，建立起信任，销售机会自然就来了。当然，不要试图强行说服客户，更不要重复打扰已经明确拒绝了你的客户。

客户互动策略五：影响尚未做出决策的人们

并不是每个人都明确地知道该如何选择。许多营销人员盯着竞争对手的顾客，想方设法地吸引竞争对手的客户转变，这往往需要非常大的资源和精力投入，而结果也经常差强人意。有时候，找出那些尚未做出决策的人们，影响他们做出对你有利的选择，这样的营销互动策略往往能够产生非常有效的成果。

尚未做出决策的人往往是成功的关键

纽约时报曾经报道过奥巴马团队如何应用预测模型在社交网络上发起高效的互动，帮助奥巴马成功地赢得 2012 年大选连任的事情。

奥巴马和他的竞选团队没有可能与每一位选民会面。既然竞选团队的最终目标是赢得尽可能多的选民支持，当然没有必要花费时间在竞争对手的坚定拥护者上，同样也没有必要在那些已经下定决心投你票的选民身上花费过多时间，赢得最大化选民支持这一目标的关键挑战在于如何找到那些尚未做出决策的选民，简单来说就是影响那些摇摆的选民。

总统竞选团队是如何做到的呢？

- 首先，奥巴马团队的数据科学家运用预测模型从社交网络上找到那些还没有做出最终决定但又可能被说服的选民。
- 然后，从这些尚未做出决定的选民的社交圈中找出自己团队的坚定支持者。
- 接下来，鼓励和引导他们花时间向这些尚未做出最终决策的选民解释他们的观点，从而影响这些尚未做出决策的选民投票支持。
- 不断重复这一过程。

你现在已经知道了这一互动策略执行所产生的成功效果了。正是这一互动策略的成功帮助奥巴马最终顺利地赢得了竞选。

在 2016 年的美国总统大选中，几乎类似的案例又重新上演了。特朗普的竞选团队在没有得到主流媒体支持的情况下，在社交网络上不断发表有影响力的主张，吸引那些尚未做出决策的选民，以远少于竞争对手的资金和资源投入赢得了社交网络上大量沉默的未做出决策的选民的最终支持。

客户互动策略六：应用地理位置发起互动

位置服务是搜索和社交之后又一个重要的网络应用。一个移动用户所在的地理位置最能真实反映其当下的状态与行为目的，建立对消费者地理位置的理解能够涵盖多层次的含义。消费者位置、对应的商铺品牌、门店、停车场、社区等精准的位置信息以结合真实的用户移动轨迹预测消费者的行为偏好。

加入位置要素后，用户画像也变得更加精准，依托实时分析实现移动广告的程序化投放，或者基于位置的多样性定向策略。

- 根据用户曾经光顾和消费的实体店推送相关的应用或品牌，精准推送用户附近可视范围内的商户信息。
- 分析用户曾经到访的地点，推送定向广告。
- 精细化展示推荐内容，达成更高的转化率。

提升实体店面的营销体验

对于一个大型商场来说，定位技术不仅可以帮助商家分析用户在店内购买的轨迹，全面衡量线上流量和线下到店的状态，更重要的是还可以与用户发起实时互动，基于用户的位置进行实时的内容推送和营销引导。

西单大悦城就建立了基于手机移动应用、商场基站、商户信息三位一体的移动营销体系，使消费者与西单大悦城之间实现了基于位置的实时、实地互动。西单大悦城部署了数以千计的信号基站，几乎遍及所有商户门口和重点公共区

域，以采集店面客流的实时数据。西单大悦城引入了微信地图，实现购物行为
在虚拟与现实之间实现自由转换，开启了虚拟逛街与线下购物相结合的模式。

　　用户可以通过微信应用浏览西单大悦城的所有店铺，发现感兴趣的商品
时，用户可以随时随地点击查看商品介绍、品牌文化、店铺位置和价格展示等
信息，用户可以通过摇一摇功能进入实时互动，还可以收集大悦城街景中发现
的优惠券，通过无线定位直接导航至相应的品牌店。西单大悦城基于微信的场
景化应用为购物者带来了便捷的移动数字化体验，通过整合餐饮、休闲、购物
和停车等商场资源减少了顾客以往餐饮排队等待的无效时间，增加了顾客在店
内的有效购物时间，增强了与店内顾客的内容互动，明显提升了到店顾客的体
验感知，也促进了店内销售的转化。

连接：全渠道接触

- 连接为社会赋能
- 连接渠道的发展
- 多渠道到全渠道连接
- 以客户为中心的数字化连接
- 移动连接改变用户行为
- 连接至上的平台时代
- 连接的四个核心要素

"你必须出现在客户所在的地方。"

——笔者

连接为社会赋能

连接是人们社会性的根本需求之一。人类是群居动物，从原古时代就以各种各样的方式保持与群体的连接。现代社会里，人们利用各种科技和工具实现与社会的连接。

- 贝尔发明了电话，让人们可以实现远距离通话。
- 摩托罗拉发明了移动电话，通信进入了移动时代。
- 互联网络的发展带动了信息的数字化连接。
- 乔布斯创造了苹果手机，创新了人们的连接。
- 扎克伯格创立了脸书，希望连接世界上的所有人。
- 张小龙创新的微信连接了绝大多数的中国人。

连接的发展一直在影响和改变着这个世界。现在已经有超过 35 亿人连接到了互联网，连接为每一个人赋能，也在丰富和改变着人们的生活。

连接渠道的发展

作为生产商与消费者之间传递产品和服务的通路，渠道在商业分工中起着重要的作用。随着商业分工的社会化与专业化，生产商专注于生产产品，在这种情况下，生产商与消费者之间并没有直接的通路，生产商往往通过中间商来完成产品的销售和售后服务过程，渠道就是这些处在生产商和消费者之间的中间商和中间过程。

渠道连接着生产商与消费者，承担着生产商与消费者之间的交易交互与信息沟通的桥梁作用。一方面将生产商提供的产品传递给消费者，向消费者传递产品相关的内容和知识，促进产品和服务交易的达成，帮助生产商承担部分或全部服务职能；另一方面将对消费者的了解和来自消费者的声音传递给生产商，促进生产商改进产品和服务。

生产商与消费者之间的连接变得越来越重要。信息通信技术的发展在带来连接效率提升的同时也带来了连接成本的下降，一些生产商主动通过各种方式与消费者建立直接的联系，生产商与消费者之间的渠道变得越来越扁平。

数字化技术的发展不断影响和变革着面向消费者市场的渠道连接。面向消费者的渠道连接经历了不同的演进发展阶段，从最初以实体店面和面对面沟通为主要特征的传统渠道连接到基于互联网与新媒体通信技术的呼叫中心和网络渠道连接，再到现在以移动互联网和数据技术为特征的智能化连接。

从零售银行的渠道发展来看，银行与客户的连接渠道经历了从营业网点、自助银行、电话银行、网上银行、移动银行、智能交互的 6 个阶段的演进发展过程，如图 6-1 所示。

第一阶段：网点为王的时代（1970 年以前）

与大多数现代商业的发展过程类似，零售银行业也是基于网点的扩张而发展起来的。现代银行发展的一个多世纪以来，零售银行通过分支行营业网络向客户提供金融服务，人们需要在网点完成存款、取款、转账、缴费、查询、账户服务、信用贷款等，几乎所有金融业务和账户操作都离不开银行网点。

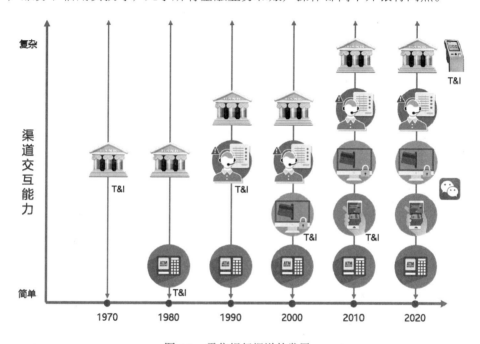

图 6-1　零售银行渠道的发展

零售银行的分支行网络越大，营业网点数量越多，就越容易得到客户的信任，相应的市场竞争力和用户影响力也越强。银行网点的规划和布局多围绕城市的主要功能区，大多位于交通出行便利、地理位置优越、经济环境较好的位置。银行网点内部的功能设置和现场布局主要以满足不同区域的机构客户和个人客户的金融服务需求特征而进行设计，以更好地适应本地化的客户需求。

在这一发展阶段，"网点为王"一直是零售银行发展最重要的驱动力。网点是银行建立客户连接最重要的渠道，银行通过网点连接银行内部的业务、产品和服务。本地化成为商业银行最重要的价值主张之一，无论是工商银行致力于成为"您身边的银行"，还是汇丰银行提出的"全球资源，本地智慧"，都在强调广泛的营业网点分布给客户带来的本地化服务的便利性。

第二阶段：自助终端的兴起（从 1970 年起）

1967 年 6 月 27 日，英国巴克莱银行在伦敦设置了全球第一台自动柜员机（ATM）。从 20 世纪 80 年代起，自动柜员机的应用开始加速，带动了自助银行的发展。

自动柜员机不受服务时间限制，又设置在交通便利的区域，极大地方便了客户使用银行服务。自动柜员机最初安装设置在银行营业网点旁边，主要目的是突破银行网点营业时间的限制，方便客户在银行网点服务时间外通过自动柜员机进行账户查询和基本转账操作。随着人们对自动柜员机的逐渐接受，自动柜员机扩展到了银行网点不能覆盖的人流集中的城市商业区，银行自动柜员机现在几乎已经遍布城市的大型商场、机场车站、商业楼宇等人流密集的区域。

自动柜员机由于无须人员值守，服务效率高，完成相同业务的运营成本大大低于网点柜员服务，因此自动柜员机的应用得到了银行的欢迎。随着网络通信技术和信息安全技术的发展，银行自助服务终端设备的功能越来越强大，现在的自动存取款机（CRS）可以为银行客户提供便捷的存款、取款、转账、缴费、余额查询等多项服务功能，甚至可以自助申请和实时签发银行卡。银行联合金融科技公司不断推出更加智能的自动柜员设备。进入 21 世纪以来，能够 24 小时运作的自助银行迎来了快速发展，一些新兴银行的自动柜员设备数量已经超过了银行营业网点的柜台服务人员数量。

自动柜员机的功能变得越来越强大，银行开始将传统营业网点向智能化网点改造升级。以自助存取款机、自动柜员机、智能自助终端为特征的智能银行网点本质上仍是物理形态的银行营业网点服务，智能银行网点实现 24 小时自助服务，不受网点营业时间限制，延伸了银行与客户连接的服务时间。

第三阶段：电话渠道的发展（从 1980 年起）

20 世纪 80 年代，随着通信技术的发展，银行业开始应用电话通信工具向客户提供基础的银行服务。电话银行在交互语音应答等信息通信技术的支撑下应运而生，人们不必到银行网点就可以通过电话接入的方式实现账户交易查询、余额查询、利率查询等服务。电话银行由于操作简单，不需要人工干预，又能实现 24 小时远程自助服务，因此很快进入了快速发展期，成为银行网点服务的重要补充。

20 世纪 90 年代，随着计算机通信集成技术的成熟，大规模集中式的呼叫中心发展起来了，银行电话呼叫中心开始集中运营，无论业务规模还是人员规模都实现了迅速增长。现在银行的电话呼叫中心通过集中运营的人工坐席团队响应客户的服务请求，提供业务查询和服务指引等支持性服务，在越来越强大的信息系统支持下，向客户提供账户查询、业务受理等更为丰富的业务和服务。

电话的双向沟通性也提供了主动连接客户的功能。银行利用电话外呼的连接特性实现主动服务和营销推广，通过电话外呼联络客户，主动提供服务或推荐银行的产品和服务，以增量销售和交叉销售的方式促进银行业务的增长。由于运作效率相对于网点较高，又不受地理位置的限制，以电话外呼为特征的营销型呼叫中心得到了迅速发展。银行信用卡中心就利用电话外呼承担了信用卡激活、逾期账务催收等业务运营，成为支撑新用户发展和金融产品交叉营销的重要渠道。

客户联络中心作为商业银行主要的服务渠道之一，简单查询和基础业务服务逐渐向自助服务和网络渠道分流，人工服务更倾向于受理多元化、高风险的复杂业务，随着整合更多的综合服务职能和银行业务系统，正向远程银行中心的方向发展。中国银行业协会于 2017 年 7 月发布的《中国银行业客服中心发展报告》称，截至 2016 年底，中国银行业客服中心从业人员达到 5.36 万人，虽然客服人员总规模较上年有所增长，但从事传统语音服务的客服人员规模仍然保持不断下降的趋势。

第四阶段：在线服务的普及（从 1995 年起）

在 20 世纪 90 年代，银行意识到互联网能够为展示银行的服务提供更多的机会。最初的银行网站主要展现银行高大的建筑，向用户提供支行和 ATM 的地理位置和联系电话，以及一些简单的银行产品列表信息。银行最初只是把互联网当成一种在线的宣传手册，并没有与客户连接和互动的功能。

美国富国银行于 1995 年推出了第一个真正意义上的网上银行，为富国银行的客户提供基于互联网络的在线账户服务。富国银行启动"鼠标+水泥"的发展战略之后，其他银行迅速跟进，纷纷推出了自己的在线银行服务，抢占网络在线服务这一潜力巨大的渠道连接空间。2000 年以后，网络银行进入了快速发展阶段，从最初仅向用户提供基础账户服务很快发展到可以提供包括在线开立账户之类的多种银行服务。

网络银行的交易成本远远低于其他传统渠道，这吸引商业银行不断增加对网络银行的投资，网络银行承载的服务和业务交易功能越来越多。不断强大的网络银行有效分流了以前必须要在网点才能办理的账户服务和业务交易，让客户既可以利用网络银行在线自助服务又可以到银行网点办理业务，有了更多的选择，这也使得 24 小时银行服务真正成为现实。网络银行的在线服务功能变得越来越强大，对于实体营业网点的服务替代性不断增加，目前 95% 以上的零售银行业务都可以通过网络银行实现在线自助办理。

第五阶段：移动连接的时代（从 2000 年起）

伴随移动终端设备发展起来的移动银行经历了以下 3 个发展过程：

- 短信银行。最初的移动银行是以短消息服务为基础的短信银行，作为电话银行服务的补充，向使用移动手机的用户提供交易信息推送、账户信息查询等短消息服务。
- WAP 银行。在第一代智能手机于 1999 年出现以后，银行为了支持早期的移动设备上网，建设和提供了符合 WAP 协议的手机网站，以简洁的方式提供信息公告、消息通知、信息推送以及资讯服务。受到第一代智能手机功能所限，WAP 银行只是强大的在线网络银行的补充。
- 移动银行。iPhone 手机的上市带来了移动手机的革命性创新，基于智能手机应用的移动银行真正开始发展起来，通过功能完善的 App 应用程序提供了丰富的综合服务，包括账户服务、交易支付、投资理财、贵宾客户服务以及不断丰富的资讯和内容。

移动应用带来了全新的银行与客户之间的连接。银行的移动应用功能在移动互联时代变得越来越强大，用户使用银行提供的移动应用可以便捷地实现账户查询、进行转账操作、实现交易支付、购买理财产品、在线申请信贷、实时证券交易等，银行也通过客户使用银行移动应用的过程获得了客户的服务需求、社交行为、位置轨迹和内容偏好等丰富的信息。

移动互联从根本上创新了银行与客户之间的连接特性，银行与客户之间的互动数量呈现几何级数的增长。随着微信应用的普及，商业银行纷纷基于微信社交平台开发基于微信的银行服务应用，基于微信构建的平台生态建立与银行客户的微信连接。从银行纷纷推出微信银行的发展过程可以看到，银行从原先引导用户选择和使用银行设定的渠道到接受和适应客户的行为和习惯，主动出现在客户所在的地方。

未来，全渠道智能互动（从 2015 年起）

在移动互联时代，银行的年轻客户对于传统物理网点的依赖度显著下降，他们越来越喜欢和适应数字化的连接方式，银行进入了以智能化为特征的全渠道连接时代。

零售银行的连接渠道发生了这些智能化的变化：

- 智能化营业网点。银行主动发起营业网点的智能化转型升级，开始在传统的营业网点部署更多的智能设备，简化网点业务流程，提高自助办理效率，提升客户体验，引导来到网点的客户使用自助服务，从而留出更多资源发起与高价值客户的互动。

- 智能化语音互动。传统的银行客户服务中心主要以人工坐席和交互式语音应答（IVR）提供语音互动，在智能技术的发展下，一些银行已经开始尝试应用智能机器人提供语音服务响应，未来在基础人工服务上实现智能机器人的语音交互是完全可能的。

- 智能化在线互动。在线服务的本质是服务的数字化，在大数据技术和智能分析技术的支撑下，基于文本信息交互、在线行为预测的智能数字化互动将成为现实。

- 智能化移动连接。随着移动支付的普及和金融科技逐渐发展成熟，基于移动应用带来的实时位置信息和行为信息以及更多智能移动终端的可穿戴特性，银行未来的移动连接会变得更加智能。

智能数字化技术创新了银行与客户的交互方式，银行和客户之间从以银行渠道为中心的连接逐渐发展到了以客户为中心的连接。数字化客户通过智能移动终端保持实时在线，银行需要通过多个连接渠道与客户随时建立连接或发起智能化的实时互动。

多渠道到全渠道连接

银行业并非孤例，所有服务行业都将实现数字化连接。

连接是数字化服务的重要基础。能否建立并保持与客户的连接已经成为企业至关重要的核心能力，数字化企业需要首先建立客户连接，然后才能提供产品和服务。

企业需要同时管理实体传统渠道和多种数字化新媒体渠道。实体传统渠道连接包括直接渠道、店面、合作伙伴、电话、电视、广告、广播等；数字化新媒体渠道连接包括电子邮件、网站、搜索、移动、社交等。

多渠道的发展

从银行连接渠道发展过程可以发现，随着技术进步而不断出现了许多全新的渠道，这些新渠道并没有完全替代原有的渠道，而是新渠道与原有的渠道共同发展。传统的渠道可能会转变连接的形式，但是还没有哪一种渠道彻底消失，新渠道与原有渠道更像是一种协作和补充，形成了多渠道共存的现象。产品生产商和供应商与消费者之间的渠道结构变得更加复杂，也更加高效。

多渠道就是这样一种状态，企业和组织通过多种渠道与客户建立连接、发起沟通、完成交易、交付产品和提供服务。多渠道连接模式下的各个渠道是相互独立的，渠道与渠道之间的运营、管理和支撑大多也是相互独立的，各渠道有着相对独立的流程、系统和业绩考核。在多渠道的商业环境下，无论是物理的实体渠道还是网络数字化渠道，各个渠道的功能相对完整，人们可以到实体店面购买商品，也可以通过网络下订单等待送货上门，这些渠道有着完整但相互独立的功能和运作，都能实现商品交易和交付的完整过程。

连接方式的变化不仅影响着企业与客户建立连接和实现信息交互，更重要的是这将带来业务运作方式的转变。数字化新媒体渠道无疑是发展最为迅速，也是越来越重要的连接。在多渠道环境下，企业要管理的渠道越来越多，渠道间的协同变得越来越复杂。随着数字化渠道的不断增加，企业发现要向客户传递内容、建立和保持营销沟通、推荐服务、完成交易并交付产品，往往需要管理多达 40 多个不同的连接渠道，如表 6-1 所示。

全渠道连接

随着数字技术的进一步发展，以亚马逊为代表的互联网企业开始向顾客提供一站式服务，以数字化渠道为基础，整合了多样化的数字化内容，同时与电话渠道打通，向客户提供跨渠道连接和无缝的内容提供，这样的设计大大提升了客户的购物体验。这些实践带来了极佳的体验效应，促进了更多的企业下决心整合内部的多个渠道，以期能够向客户提供更加灵活的渠道交付和一体化的服务支持。

全渠道连接运用多种可能的渠道与客户建立连接和传递内容，包括产品的研究、购买、交付和服务的全过程。图 6-2 展示了客户在全渠道连接模式下的购买旅程。

与多渠道连接以渠道为主导的运作模式不同，全渠道连接从思维上是以客户为中心的整合，在运作上以更好地适应客户的旅程作为实现多渠道间无缝协同的出发点。全渠道连接的思维促进了多种渠道间的协同和整合进程，也让企业开始从整体上思考如何向客户提供更具一致性的无缝体验。

表 6-1　多渠道连接

渠道类型	序号	渠道名称	数字渠道	实体渠道	营销	服务	交易	交付
广告	1	户外广告		Y	Y			
	2	社交广告	Y		Y			
	3	招聘广告	Y		Y			
	4	杂志广告		Y	Y			
	5	移动广告	Y		Y			
	6	微博广告	Y		Y			
电视	7	智能电视	Y		Y		Y	Y
	8	电视广告	Y		Y			
广播	9	广播	Y		Y			
直接渠道	10	销售人员		Y	Y			
	11	目录销售		Y	Y			
	12	信函		Y	Y			Y
电子邮件	13	营销电邮	Y		Y	Y	Y	Y
	14	交易电邮	Y		Y	Y	Y	Y
移动	15	手机应用App	Y		Y	Y	Y	Y
	16	短消息	Y		Y			
	17	平板应用App	Y		Y	Y	Y	Y
	18	移动网站	Y		Y	Y	Y	Y
	19	可穿戴技术	Y		Y	Y	Y	Y
合作伙伴	20	代理商网络	Y		Y			
	21	合作伙伴销售		Y	Y	Y	Y	Y
搜索营销	22	本地搜索营销	Y		Y			
	23	点击付费广告PPC	Y		Y			
	24	搜索引擎优化SEO	Y		Y			
社交	25	博客	Y		Y			
	26	微信公众号	Y		Y	Y		
	27	招聘网站页面	Y		Y			
	28	社交用户群	Y		Y			
	29	微博	Y		Y	Y	Y	
	30	网络视频渠道	Y		Y			
店面	31	自有店面		Y	Y	Y	Y	Y
	32	租赁店	Y		Y	Y	Y	Y
	33	售货亭		Y	Y	Y	Y	Y
	34	临时店	Y	Y	Y			
	35	二维码	Y	Y			Y	
	36	RFID标签		Y	Y	Y	Y	Y
电话	37	呼叫中心		Y		Y	Y	
	38	IVR	Y			Y	Y	
	39	电话营销		Y	Y		Y	
	40	传真		Y	Y		Y	
网络	41	第三方网店	Y		Y		Y	
	42	网站	Y		Y	Y	Y	Y
	43	在线客服	Y		Y	Y	Y	Y
	44	桌面应用App	Y		Y	Y	Y	Y

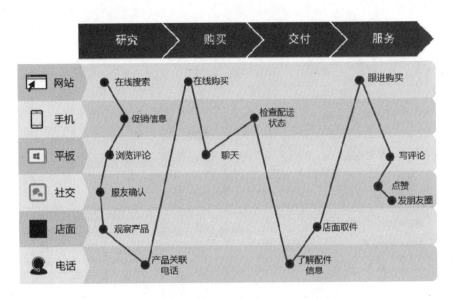

图 6-2　全渠道连接模式下的客户购买旅程

以客户为中心的数字化连接

　　在有多种渠道可以选择的情况下，人们总是会根据自己的渠道偏好和渠道特性做出选择。数字化连接以便捷、高效、低成本的特性对传统渠道连接的营销、交易和服务功能形成了替代效应，数字化用户在渠道选择上显得更加主动。

　　提供贷款服务的零售金融机构通常会提供多种可能的渠道连接，以同时满足数字化客户和实体客户的贷款服务需求。出于银行贷款服务的风险管控要求，不同的渠道在贷款申请流程的定位、作用和效率也有所不同。

　　如图 6-3 所示，客户通过智能手机查询贷款利率，拿出平板电脑选择产品，使用桌面电脑在线提交申请，打电话到呼叫中心进行问题咨询和寻求帮助，最后到线下银行营业网点完成现场签约。

图 6-3　在线贷款申请的过程

在数字化用户看来：

- 智能手机是一个便捷的快渠道。即使在移动的状态下，也能很方便地完成操作，不需要太多思考，不需要太多的内容录入。手机更适合浏览新闻，接收直接的营销吸引，随手点击查询费用等简单快捷的操作。

- 在电脑上完成需要专注的任务。无论是桌面电脑还是笔记本电脑，人们使用电脑的时候通常是在工作状态，这时人们更加专注，能够处理更为细致的工作，例如提交申请过程、比较条款的细微差别等。

- 使用平板电脑多处在悠闲的状态。人们通常更愿意在放松的状态下使用平板电脑，用来做一些没有压力的事情。研究也验证了这样的事实，人们更愿意使用平板电脑进行休闲娱乐，比如玩游戏、浏览视频、轻松的购物等。

- 营业网点是一个严肃的地方。数字化用户对于物理的营业网点没有太多的兴趣，除非是必要的时候（如签订协议），否则数字化用户是不愿意前往网点的，他们更愿意使用数字化渠道进行沟通和交互。

尽管企业希望提供全渠道服务，甚至鼓励客户通过任意连接渠道完成全部的服务过程，但是由于不同的渠道连接有着不同的特点，因此客户会根据自身的习惯和场景的变化选择最适合的渠道。

移动连接改变用户行为

在已经出现的连接方式中，移动连接对人们的社会生活和社交行为产生了重要的影响。与网站用户更偏好内容展现的丰富性和选择的多样性有明显不同的是，移动用户更加关注应用操作的便捷性、互动沟通的随时性和交易达成的速度。人们在依赖和习惯了移动应用的同时，移动连接也对人们的社交和生活消费行为产生了影响。

移动用户倾向于即时的行动

移动应用连接带来用户出行方式的数字化、随时化和碎片化。正如我们从社交网络的移动化发展过程所看到的，移动连接促进了客户互动需求的增长。移动用户倾向于选择更加自由的出行方式，尤其是数量不断增长的自由行客户，他们经常说走就走，行走到哪里就住在哪里。

携程旅行网创立于 1999 年，是中国领先的在线旅行服务商。经过多年的发展，携程的预订业务在渠道分布上的变化很大，经历了这样三个阶段：

- 电话占据主导期。携程成立初期，网络渗透率较低，电话中心以便捷的体验成为最为重要的服务营销渠道，高效运营的电话预订中心实现了绝大部分的酒店预订、机票预订和客户服务，来自电话中心的预订业务量一度占比超过 80%。

- 电话网站并进期。2005 年以后，电子商务的发展培育了大量年轻的互联网用户，与此同时，携程的注册会员也逐渐习惯了网站预订，来自网站的订单量和占比双双上升，电话中心完成的预订业务量虽然仍在增长，但电话订单量的占比开始下降。

- 移动成为主流期。2013 年以后，伴随着移动互联网的井喷式发展，携程的电话预订量占比急剧下降到 20% 以下，PC 互联网在线预订量占比也开始下降，而以手机 App 为主的无线应用预订量占比加速上升到 50% 以上。2015 年，携程移动平台预订交易量占总体在线交易量的 70% 以上。2016 年，移动端预订量已经占到携程预订量的 75% 以上。

携程发现使用不同渠道进行预订的用户行为差异很大，比如使用不同渠道进行机票和酒店预订的用户在预订时间上就存在很大不同，使用无线应用预订的用户更倾向于在出行当天进行预订。

- 提前 1 周以上预订机票和酒店的大多数都是游客，而价值贡献更高的商务人士往往仅提前 1 天预订或者在出行或入住的当天进行预订。

- 使用 PC 互联网预订的客户更倾向于提前进行预订，他们中的大多数提前 2～7 天完成预订。

- 在当天完成的预订量中，移动应用端完成的预订量占比达到 70% 以上，是当天使用 PC 互联网预订量的三倍以上。

连接至上的平台时代

互联网络向社交网络的发展逐渐形成了以连接为核心的平台。平台不仅连接人与人，连接人们需要的商品和服务，也连接了数量不断增长的智能设备。

4 种类型的连接平台

不仅社交网络的发展走向了平台化，搜索、电商、视频、内容、地图、支付等多类互联网应用都在向平台化发展，主要形成了 4 种类型的平台，如表 6-2 所示。

表 6-2　连接平台的 4 种类型

平台类型	数字化前的例子	数字化后的例子	平台内容
资源交换平台	房地产中介 购物中心	产品交易平台（eBay，淘宝） 服务市场（Airbnb，优步，滴滴） 交友网站（eHarmony）	商品或服务
支付交易平台	信用卡 贷记卡	数字支付系统（PayPal，支付宝） 数字虚拟货币（比特币）	货币支付
媒体内容平台	报纸 广播电视	门户网站（雅虎，新浪，网易） 社交网络（脸书，微信，微博）	内容传播
生态标准平台	彩色电视 录像带（VHS）	视频游戏（Xbox，PlayStation） 移动操作系统（iOS，Android）	生态标准 软硬件标准

- 资源交换平台。利用网络技术实时连接和调度现实世界的资源需求形成了以共享经济为典型特征的资源交换平台，如 Airbnb、优步、滴滴等。一些大型的电子商务公司发展起来后，也以连接商户和用户成为资源交换的平台，如亚马逊、淘宝、京东等都接入了大量的第三方商户资源。

- 支付交易平台。平台为线上和线下的商家和用户提供在线交易、支付和互动的便利支持和系统服务，如提供数字支付系统服务的 PayPal 和支付宝，以及提供数字虚拟货币服务的平台商，如比特币交易平台。

- 媒体内容平台。平台允许用户创建和发布内容，对平台上的内容进行浏览、评价和分享，实现用户彼此之间的社交互动，形成了多媒体内容门户平台和社交分享平台，如脸书、微信、优酷、豆瓣等。

- 生态标准平台。垂直行业的巨头将自己的产品和服务生态化，通过构建相应的软硬件标准形成生态，如移动生态平台有苹果公司的 iOS 和谷歌主导的安卓，游戏生态平台有微软的 Xbox 和索尼的 PlayStation。

平台的角色

平台以连接为核心，形成了人、商品、服务、内容等数字化资源的聚合，成为人们在互联网上重要的交互空间。平台承担着基础设施提供者和互动生态管控者两个基本角色。

- 基础设施提供者。平台为生产者和消费者提供了一个开放、具有参与性、即插即用式的基础设施，生产者和消费者可以在平台上彼此互动。淘宝就是典型的互联网电子商务基础设施提供者，汇聚了千万计的卖家向数以亿计的买家提供超过 10 亿的各类商品。

- 互动生态管控者。平台方构建维持平台发展的生态体系，制定相应的平台管理规则，对于平台的参与者进行准入和资格验证，管控他们之间发生的社交互动和商务交易，培育平台上的参与者形成习惯，并且采取一定的策略维护平台的活动和秩序。

平台的价值

平台的目标是创造生产者与消费者之间持续和有效的互动。平台既是互动的赋能者，又是资源聚合者和价值变现者。

- 资源聚合者。平台通过吸引生产者和消费者的参与实现资源的聚合。平台并不一定需要自己生产，聚合生产者与消费者需要的资源就能够带来流量变现的商机。对于以社交网络为代表的媒体内容平台来说，消费者也是平台的内容生产者，他们的点击、浏览和评论带来平台的增值。

- 价值变现者。平台通过促进生产者与消费者之间的交易和互动实现价值变现。平台聚合的生产者和消费者越多，能够生产的内容也越多，平台的价值就越大。平台有时也通过与生产者和消费者分享价值的方式实现价值变现，比如亚马逊与图书作者的分成。

阿里巴巴集团是收获平台价值的典范。阿里巴巴最初想发展成为 B2B 电子商务交易平台，历经周折的发展过程，受益于 C2C 模式的淘宝网异军突起，形成了连接聚合众多中、小企业商户和海量个人消费者资源的电子商务交换平台，这些聚合的资源产生了巨大的在线流量和交易需求，随着支付宝创新的第三方支付和普惠金融业务的发展成就了庞大的线上阿里帝国。

连接的四个核心要素

连接看起来容易建立，但是持续保持连接并不断聚合更多增长的连接并非易事。无论是人与人的社会连接，还是人与资源、资源与资源的商业连接，这些连接的建立、保持、增长和发展都需要符合关系价值的本质。

连接的建立需要 4 个核心要素：具有与连接对象沟通的能力、应用连接对象准确的信息、传递连接对象关注的价值、建立与连接对象的情感连接，如图 6-4 所示。

- 与连接对象沟通的能力。离开了沟通的需求和能力，有效的连接不可能持续。连接总是需要通过某种形式的沟通建立和保持生命力，理想的连接基于直接、清晰、可信赖的内容，并基于这样的内容形成交互。这也可以解释为什么数字化平台不仅创造了沟通的需求，还常常建立连接对象沟通的工具，比如淘宝通过阿里旺旺连接买家和卖家的沟通。

图 6-4　连接的 4 个核心要素

- 连接对象准确的信息。要与人建立连接，就需要了解他们的一些情况。利用多方数据建立的了解有助于与目标对象建立有效的连接。如果你只有一种连接方式，而对目标群体没有任何了解，就只能形成单向的沟通，在这种情况下能够建立连接的数量不会太多。理解了这一点，就不难理解为什么电话营销的冷呼出只能达到百分之几甚至更低比例的有效连接。这也解释了为什么实名在社交网络上变得越来越为人们所接受。

- 连接对象关注的价值。价值是能否建立有效连接以及决定连接的力量和持续性的关键因素。按照马斯洛的需求理论，每个人都有自己看重的价值观，人与人之间也因此存在多个社交层级。平台需要不断的定位和维护价值观，并且对连接对象进行管理和引导。你向客户传递的价值如何、你的品牌是否有足够的竞争力都会影响有效连接的建立。

- 与连接对象的情感连接。理性与情感共生于人们的大脑里，数字化的世界也不例外。情感连接是连接的最高层级，无论是人们共同的信仰体系或认可的价值观，还是对于一个事件的普通体验和承诺，都能成为强烈情感连接的触发因素。迪士尼通过鲜明的独特品牌形象传递出极其强大的情感连接，让人们看到就难以忘记。脸书不断强调的致力于连接人与人的价值观也能激发数字化用户的情感认同。

转化：赢得第一次购买

- 零售店面的购买转化过程
- 在线零售的购买转化过程
- 数字化营销转化工具
- 典型的数字化用户转化模式

连接是融入数字化世界，获取有价值的产品、服务和内容的桥梁，接下来介绍如何促进连接的客户产生有意义的转化行动。从企业来看，这种转化促成了某种期望的客户行为的发生，或者促使客户的状态发生了变化，与客户完成了一次有意义的交易，与客户发生了一次有价值的互动。

数字化转化可以是以下这样一些行动：

- 浏览。阅读你发布的页面内容。
- 关注。关注你的社交媒体账号。
- 注册。完成在线注册的过程。
- 订阅。完成内容服务的订阅。
- 交易。完成一次价值交换行动。
- 购买。完成一次选购支付过程。
- 推荐。向其他人推荐了你。
- 关系。实现持续的互动过程。
- 忠诚。客户自发的有助于未来交易的过程。

接下来，我们探讨具体的转化过程。

零售店面的购买转化过程

实体店面购买过程

在实体零售店面购物是人们非常熟悉的过程。一般来说，实体零售店面的购物转化过程主要包括以下 8 个基本环节（见图 7-1）：

图 7-1　实体店面购物转化的过程

- 顾客到访。顾客来到店面，在门口就能感受到热情的欢迎。
- 店内指引。清晰的店面购物引导，让顾客感到强大和自在。
- 发现吸引。顾客发现感兴趣的商品，方便地了解商品细节。
- 互动沟通。店员适时互动，找到商品在顾客生活中的意义。
- 购买决策。恰当的鼓励，让顾客对所选商品做出购买决定。
- 鼓励确认。让顾客感觉到他们对商品的选择是如此的正确。
- 支付交易。引导顾客来到收银台，顺畅地完成付款的过程。
- 形成记忆。真诚感谢顾客的购买，让他们带着满足感离开。

店面购买转化的三个关键点

在上述零售店面购买的过程中，几乎每一个环节都对实现最终的购买产生了影响。其中，最为重要的三个关键点是：

■ 赢得顾客的店面到访。要在店面促成交易，首要条件是顾客要来到店面。到店的人气旺盛也会给店内的顾客带来更多的购物欲望。零售商家总是在吸引顾客到访上投入不菲，不停地策划各种促销活动，以各种形式吸引顾客到访。针对会员专门设计多种利益吸引，直接的目的就是希望他们能够经常到访店面。

■ 发现值得购买的商品。顾客要能在店内发现感兴趣的商品，商品的款式具有足够吸引力，商品的价格也比较优惠。一方面，零售商家总是希望能够在店面现场展示新潮的商品；另一方面，针对店内的商品策划各种活动，吸引店内顾客注意正在进行的展示和促销，发现店内值得关注的新品或值得购买的促销商品，引导顾客进行适当的商品比较，做出值得购买的决定。

■ 促进顾客的最终支付。如果没有实现最终的支付，一切努力和忙碌都是徒劳。最终的购买决定权在顾客，商家所做的就是影响顾客的购买，促进最终的购买支付行动。如果你能理解超市结账排队的队伍越长就会出现越高的商品放弃率，也就能理解为什么支付环节如此重要了。正因为如此，品牌专卖店通常都会在店内设置收银台，这样可以更加方便地完成支付，减少客户排队等待付款时放弃购买的可能。

围绕关键转化点的行动

这三个关键点对于最终的购买转化至关重要，零售商必须围绕这些影响顾客购买的关键转化因素设计相应的对策。为了吸引顾客的到访，需要向顾客定向发放促销券或代金券；定期在店面举办各种促销活动，以吸引会员定期到店，也能吸引随机路过的人们进店；不定期在店内搞一些大型的活动展示，以营造店内的人气。为了吸引那些提袋购买率和平均贡献较高的会员顾客的到访，一些零售商向会员提供低门槛的免费停车之类的利益，以及仅向会员提供的特价商品，或者向会员提供额外的商品折扣。

零售购物过程非常复杂，做到上面提到的这些并不够。许多其他因素也影响着顾客在店面的购物过程，比如顾客可能没有足够的体力来完成预想的购物过程，实体店面里过于分散的商品陈列可能会耗尽顾客的体力和耐心，你经常会在大型购物中心里看到休息的顾客；购物的时间是否充裕，大多数顾客的购物时间通常都比较有限，经常没有足够的时间完成购物过程；天气因素的影响，糟糕的天气不仅会影响顾客的到访，还会影响店内顾客的消费欲望，毕竟人们不愿意在雨雪交加的天气手里还拎着太多东西。

在线零售的购买转化过程

在线零售的购买过程

互联网发展带来了零售交易的数字化。我们以一位访客在在线商店购买新款电子产品为例，通常要经过以下 8 个步骤：

- 搜索信息。打开浏览器，搜索关键词，点击进入在线商店，浏览商品。
- 商品比较。利用比价工具对比不同的商品，比较同类商品的不同规格。
- 商品选择。选定中意的商品型号、款式和规格，将商品加入购物车。
- 决定购买。生成在线订单，填写送货地址、特殊要求，选择付款方式。
- 在线支付。既可以访客身份，又可以用信用卡或虚拟卡在线完成支付。
- 等待收货。在几天后收到送来的快递后，打开包装验收购买的商品。
- 订单评价。对在线购买过程进行评价，这些评价可能影响别人的购买。
- 社交分享。在朋友圈和社交网络分享电子产品的购买过程和使用体验。

在线零售转化的三个关键点

数字化在线零售购物过程的环节也不少，其中最为重要的有以下三个：

- 搜索结果的出现率。搜索是数字化商业最为重要的流量入口之一。商品能否在用户搜索结果时出现并被用户点击显得至关重要。由于在线入口的稀缺性，在线知名度高的品牌在互联网上比线下实体商店在促成购买转化上有更明显的优势。

- 完成支付的便利性。即使是在数字化商务的早期，在线支付没有现在这么方便的时候，支付一直是影响在线购买成功率的关键因素之一。为了提升支付体验的便捷感，亚马逊率先推出了"一键下单"的功能，降低了订单放弃率，提升了在线购买转化的成功率。

- 用户评价的影响力。人们的评价对于在线购买产生越来越重要的影响力。一方面这些评价代表着客户视角的产品描述和体验感知；另一方面客观的用户评价也刺激在线商家努力提升产品质量和在线体验。

围绕关键转化点的策划

- 优惠刺激。人们一开始愿意来到线上购物，大多是因为线上有比线下更便宜的商品。低价促销一度成为在线零售的标签，在线零售发展的早期，优惠对新用户的引流显得至关重要，只要保持低价的宣传，就会有源源不断的在线访问，一旦价格没有明显优势，购买转化率就会骤然下降。

- 便捷体验。体验是影响在线零售顾客购买转化的一个决定性因素，好体验也是在线零售最好的宣传法宝之一。一个设计糟糕的在线购物体验不仅会让新用户无所适从，即使对于一个回头客来说，与其忍受糟糕的体验，还不如更明智地赶紧离开。能够在激烈的在线商务竞争中存活下来的在线零售网站在用户体验上都经历了重重考验。

- 比价工具。比价工具是一把双刃剑。很多用户一开始并没有想在线购物，只是因为线上提供了可以比价的在线工具。对于在线销售平台来说，商品比较的功能提供了选择便利性，提升了用户在线的决策过程体验，也有机会展示更多商品，促进商品供应商的竞争；但是对于在线零售商来说，比价的过程有可能带来用户的流失，他们更希望用户受到已经购买过这一商品的用户的正面评价的影响。

数字化带来零售的变化

与传统的店面零售相比，数字化的在线零售带来了以下三个重要变化：

- 更加丰富的商品选择。在线用户利用搜索引擎或垂直搜索工具在线上能够找到更多丰富的商品，这带来了极大的商品可选择性，提升了在线做出购买决策前可以浏览更多可选商品的效率。不少年轻的网购者沉迷于这种淘宝式的在线购物体验。

- 更加便利的比较工具。在线用户利用数字化的比较工具在线比较不同产品的特点、差异和价格，在相近产品之间比较以发现更优惠的价格和最佳购买时机。许多年轻的网购者一旦发现网络上的价格更优惠，通常会在线完成购物过程。这也是为什么一些大型的电子商务网站不仅在线销售自营商品，还会引入第三方商户，这样的做法不仅能够提供更丰富的产品品类，更重要的是增强了站内的产品功能比较和价格比较的吸引力，让在线用户在站内就能完成产品比较和做出购买选择的过程。

- 越来越多的展厅效应。在线电子商务的发展产生了"先逛街后网购"的消费群体，这类群体通常先在店面对商品进行体验和试用，他们并不打算在店面购买，在店面使用智能手机进行搜索和在线比较，往往后续以在线的方式完成中意商品的订购和交易。调研显示，在店面使用智能手机进行比价的消费者在不断增长，展厅效应在一定程度上伤害了实体店面的利益，但是只有少数零售商有应对展厅现象的策略。

数字化营销转化工具

理解了在线零售的购买转化过程，在促进数字化转化上，你还需要熟悉以下 5 种常用的营销工具：

- 数字化漏斗转化
- 搜索引擎优化
- 关键词广告优化
- 移动应用转化
- 社会化媒体营销

数字化漏斗

对比实体店面购买转化和在线数字化零售转化的过程，你会发现这两种转化在营销过程、交互接触、内容要素、决策影响、转化行动等方面存在着许多不同。这需要我们从整体上理解数字化转化的过程模型。

销售漏斗模型

销售漏斗（AIDA）理论由美国广告大师艾尔莫·里维斯（Elmo Lewis）

于 1898 年提出。AIDA 模型将影响消费者购买的过程划分为 4 个阶段，即认知（Awareness）、兴趣（Interest）、愿望（Desire）和行动（Action）。AIDA模型的假设前提是消费者在进入认知阶段时会考虑多个品牌，消费者会对这些品牌进行层层筛选，直至选定具有优势的品牌来达成消费。所有的信息流都是单向和线性的，而且是沿着销售漏斗向下的方向发生的。

从本质上说，销售漏斗就像是一个数字游戏，商家利用多种渠道和工具将尽可能多的机会拉向漏斗，一步一步推到促成购买行动的阶段。

以在线零售购买转化过程为例，如图 7-2 所示，从网站访客来到网站在线浏览信息开始，点击研究网站内容并选择感兴趣的商品，接下来完成所需的在线注册过程，之后才能完成第一次购买交易，到此就完成了一次购买转化过程，然后不断重复购买转化过程。购买转化完成之后就进入了关系转化过程，一部分转化为经常重复购买的活跃客户，活跃客户中的一部分选择加入忠诚计划，或者在过程中对商家的品牌或产品形成情感认同而成为忠诚客户，这就形成了完整的在线数字化转化过程。

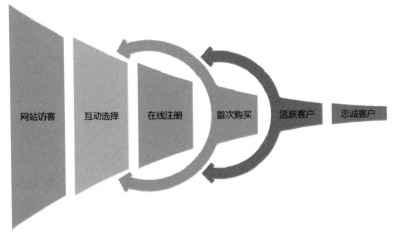

图 7-2　在线零售网站漏斗转化示意图

在线销售漏斗有助于从运营的视角看到营销结果的变化，指导你根据不同阶段的转化率采取适当的优化策略和行动。在线销售漏斗模型的不足在于没有从客户角度来观察和分析购买决策的变化，不足以指导改进客户视角的体验。

数字化互动周期模型

在数字化环境下，影响购买的因素有很多，数字化互动过程也变得复杂。与数字化销售漏斗模型相比，数字化互动周期模型（Digital Interaction Cycle）能够更准确地反映数字化客户的购买决策和客户转化过程。

数字化互动周期模型按照对客户的影响程度将数字化转化过程分为 7 个阶段，如图 7-3 所示。

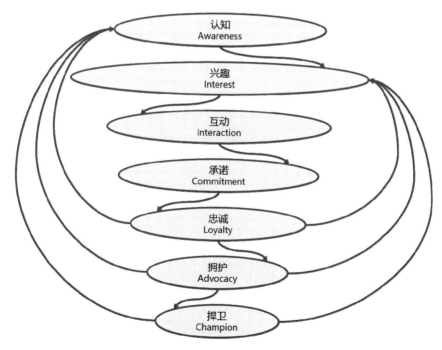

图 7-3　数字化互动周期模型

- 认知（Awareness）　发布和传递内容，触达目标客户。
- 兴趣（Interest）　激发潜在客户兴趣，主动发起对话。
- 互动（Interaction）　鼓励客户的下载、阅读或试用。
- 承诺（Commitment）　促成注册、订阅或购买的行动。
- 忠诚（Loyalty）　成为持续的内容订阅者或产品购买者。
- 拥护（Advocacy）　成为品牌拥护者，主动推荐给朋友。
- 捍卫（Champion）　成为超级粉丝，主动维护品牌声誉。

数字化互动过程包括两个基本的转化周期，一个是承诺阶段前的购买转化周期；另一个是承诺阶段后的忠诚转化周期。

购买转化周期从影响潜在客户的认知开始，这时潜在客户的互动大多发生在各种数字化接触点上，他们在网络上键入搜索的关键词，从搜索结果中区分感兴趣的内容，具体研究和比较备选的产品或服务，进一步评估做出最后的选择。客户的数字化决策过程是非线性、螺旋式的，在做出最后的购买产品或订阅服务的决定之前经常反复。

从承诺开始，新客户发展转化为忠诚客户的周期就开始了。满意的客户在社交网络上分享产品和服务的正面体验，向朋友们推荐他们喜爱的品牌，在社交网络上赞赏、维护甚至捍卫他们衷爱的品牌声誉，他们中的一部分人成为品牌的超级粉丝。这些满意的客户的价值在于能够帮助品牌获得更多的新客户，这些新客户中的大多数其实已经在满意的客户的社交影响圈里了。

正因为如此，与传统实体零售更加关注短期的销售回报有所不同，在数字化环境下会更多地从价值互惠的着眼点出发，考虑长期的价值回报和社交资产积累，具有数字化思维的企业更倾向于和客户建立长期可持续的关系。

我们用表 7-1 对客户的数字化互动周期进行一个总结。

表 7-1　数字化互动周期与体验互动

阶段	目标受众	营销目的	测量指标	体验互动
客户承诺前的决策行为				
认知	目标用户	赢得曝光率	互动	电子邮件、横幅广告、签到、通知、视频
兴趣	潜在用户	吸引互动和对话	关系	点赞、评论、阅读和回复评论、向朋友圈征询体验
互动	意向客户	鼓励询问	价值	下载报告、订阅、比较评论、试用
承诺	客户/首次购买者	促成转化	行动	购买、下单、注册、参加活动
客户承诺后的忠诚行为				
忠诚	满意的客户	服务客户	协同	正面的评论、提及品牌时的回应
拥护	品牌拥护者	奖励忠诚	协同	在社交媒体发起品牌对话，推荐给朋友
捍卫	超级粉丝	鼓励网络贡献	协同	在社交网络主动倡导品牌，为品牌赢得关注和粉丝

搜索引擎优化

　　访问量和内容质量是影响网站影响力的最重要的两个要素。对于用户提交的搜索请求，搜索引擎的基本规则是向用户提供内容最相关和最值得信任的检索结果。对于任何一个内容有质量的网站来说，成功的网站推广意味着在互联网上更容易被检索到，搜索引擎优化的作用就是实现网站推广的这一目标。

　　搜索引擎优化通过优化网站的结构、内容质量和页面链接等相关要素，对网站采取更适合搜索引擎的索引规则的优化改进，以获得更多来自搜索引擎的免费访问流量。搜索引擎优化为网站提供符合互联网搜索引擎生态规则的自我营销，让网站首页和网站内容在搜索引擎的检索结果中出现在更有利的位置。

改进网站质量和体验

网站的质量是影响搜索引擎收录和检索排序的关键所在，建立网站内容的相关性和对网站内容质量的信任并非易事。总体来说，网站质量由站内的内容结构和站外的链接关系两部分构成。

- 站内的搜索引擎优化。站内优化包括网站结构的优化、网站代码的优化、内部链接的优化、网站内容和关键词的优化、网站用户体验的优化等。在网站创建之初就建立良好的站内结构描述、清晰的页面内容规范和简单的页面链接关系不仅有利于用户更方便地记忆网站特性和浏览网页的内容，还有利于搜索引擎的爬虫更有效地抓取内容。

- 站外的搜索引擎优化。站外优化包括网站外部链接优化、网站外部链接建设、网站外部链接分析等。外部反向链接对于一个站点被收录进搜索引擎结果页面起到至关重要的作用。建立外部链接最有效的方式是通过高质量的内容获得其他网站的主动收录。此外，还可以通过与其他网站交换链接将网址提交到分类目录、将网站加入社会化书签、发布带链接的博客、在社会化媒体中发布含有网址链接的原创文章等。

尊重搜索引擎的规则

搜索引擎是一个软件系统，利用网络爬虫从互联网上主动抓取网站链接和页面内容，进行组织和处理后为用户提供网络检索服务，并以一定的检索策略和排序规则将搜索请求相关的检索结果展示给用户。尊重搜索引擎的规则至关重要，尤其是以下两点：

- 主动适应搜索引擎的规则。用户总是希望搜索引擎能够带来真正有用的信息，但是不同的搜索引擎有相近又不同的规则。在进行搜索引擎优化之前，先要充分理解不同搜索引擎的排名算法和检索规则，然后遵循搜索引擎的规则，以合理的方法改善网站自身的结构和内容质量，从而在搜索结果中占据更有利的位置。

■ 注意搜索引擎的排名算法会不定期变化。搜索引擎的规则会因为多种原因而发生变化，有时是搜索分析算法的正常技术更新，有时是互联网生态变化产生的新规则，有时是反垃圾网站和制约违规搜索引擎优化行为而采取的保护策略。谷歌就会不定期更新它的索引算法，这种变化有时会导致一些网站的排名在一夜之间消失，致使这些网站失去原有的访问量。无论如何，不要试图欺骗搜索引擎，规规矩矩地改进网站质量而不投机取巧是搜索引擎优化应该遵循的正确方法。

关键词广告优化

关键词广告是通过搜索引擎和遍布全球的内容联盟网络实现网站推广的付费网络推广方式。关键词是用户在使用谷歌或百度搜索引擎时输入的信息内容，或者在社交网络上使用的词语。通常来说，企业利用关键词构建的数字化内容与用户的潜在需求和偏好相关。

关键词广告与正常搜索结果一起显示在搜索引擎返回的结果页面上，可以是文字、图片或视频等多种形式。关键词竞价广告是应用最普遍的数字营销方式之一，广告投放门槛较低，大多数用户完全可以利用搜索引擎或数字广告商提供的工具进行自助设置和投放管理。

在数字营销中应用关键词广告优化一般需要遵循这样的步骤：

■ 对关键词进行研究。从能够体现你的产品和服务的关键词中找出搜索效率最高的几个。对于每一个产品品类，你至少需要深入研究 10 个以上的关键词，这也是为什么一些产品品类丰富的电子商务公司经常需要管理数以十万计甚至百万计的关键词。另一个有效的方法是研究竞争对手正在使用哪些关键词，体验一下这些关键词带来的搜索结果如何，常常能给你带来一些有意义的启发。

- 设计营销内容架构。这需要你对影响点击率和转化率的影响因素进行分解和分析，从而指导营销内容架构设计。在设计营销活动时尽量确保关键词、广告页和着陆页之间的相关性，以及页面内容间的相互支持。遵循这样的设计原则，搜索引擎会对内容页面给出更高的质量评分，有助于改进关键词的点击率，提升营销内容页面的转化率，进而带来更好的营销绩效。

- 创建高质量的着陆页。你需要设计一个专门的着陆页来响应关键词广告带来的点击流量，除非别无选择，尽量不要使用你的网点主页或产品页来代替着陆页。一个精心设计的着陆页能够获得较高的页面质量评分，能显著改进网络营销的转化效果，提升你的数字营销投资回报。

- 竞价策略和预算管理。在策划营销活动时就需要考虑如何充分使用你的营销预算。一个重要的原则是，一定不要在一开始就把营销预算用光。一个有效管理预算的方法是先设定一个短期的营销，然后渐近使用这些预算，比如先设定一个月度营销预算，然后设定每日预算的限额，设定关键词广告的展示时间、展示区域等，通过测试关键词的展示效果和研究点击转化情况学习如何更好地使用营销预算。

- 跟踪和优化。持续地跟踪测量是改进营销效果的唯一方式，只有这样才能将有限的营销预算投放在能够带来高转化率的关键词上，而不是浪费在那些不相关的点击上。持续评估哪些关键词对于促进营销结果有帮助，哪些关键词没有帮助。建立负面关键词管理清单，过滤掉无效的点击流量，不断优化关键词的投放位置和投放时间，同时持续优化着陆页。

如果你还不清楚上面讲到的这些内容，最好求助于数字营销专家，他们能够帮助你获得更好的营销投资回报。

移动应用转化

智能手机和平板电脑等智能移动设备以移动、随身、实时连接的特点带给用户一个有吸引力的数字化世界。移动用户不仅能够随时随地获得信息和发起社交互动，还能通过基于位置信息的应用获得更实时和更个性化的服务。

移动化为数字化营销带来了三个关键要素：

- 移动应用。建立起实时连接用户和传播内容信息的平台。
- 位置信息。无论在线还是移动，都可以获得地理位置。
- 实时连接。打通了品牌和潜在目标客户之间的连接渠道。

移动应用服务

思科公司的一项研究显示：有55%的消费者在店面购物时会打开商家提供的移动应用，有34%的消费者在购物时会使用第三方移动应用。尽管网络电子商务发展带来的展厅效应分流了线下的客流，但是一些购物中心发现移动应用不仅能够带来更好的购物体验，在促进店面购买转化上也能起到很好的促进效果。店面的顾客通过打开购物中心提供的移动应用能够获得多项服务，包括免费使用购物中心的无线网络、参与当日的特别促销、店内的品牌导引、餐饮商户的预约、会员积分的查询和兑换等。购物中心的营销人员可以向正在使用移动应用的店内顾客定向推送各种电子优惠券，发起实时促销和店内导航，促进店内的顾客增加购买量。如果顾客关联了会员卡，能够在购物完成后自助完成停车费用的减免，离开停车场时体验直接通行的顺畅。

地理围栏应用

也许你不记得曾经去过哪里，但你的移动设备一定知道。可穿戴式的智能移动设备能够实时记录你的位置和运动状态。移动位置信息蕴含着丰富的社会行为信息，对这些信息的洞察能够更加准确地理解用户的社会行为分布和生活偏好。一些零售消费产品公司应用基于位置信息的地理围栏技术建立用户的地理分布图谱，向用户推荐更具针对性的促销活动，比如当发现一位年轻女性用户出现在某个特定商圈时，就可以根据用户的历史交易特征和消费偏好推送适合的品牌促销活动，或者邀请她参加与其个性相符的积分兑换商品的优惠活动。信用卡公司基于用户地理位置信息和交易消费场所地理信息的实时分析来优化信用风险监控，判断交易的真实性，识别可能发生的风险交易，或者预测风险用户的恶意欺诈行为等。

连接驱动营销

移动带来了连接的世界，不仅人们出行时随身携带着手机，即使在家里看电视时，移动设备通常也在手边。移动连接的便利性使智能手机成为全渠道连接的关键一环，移动连接的应用让人们在数字营销过程中变得更加主动。当人们在电视里看到一个感兴趣的品牌广告时，随时可以拿起手机搜索这一品牌的相关信息，或者立即在朋友圈里发个消息征求一下朋友们的评价。如果朋友圈里的评价比较正面，而刚好又看到一个富有吸引力的促销活动，人们很可能就会通过移动设备进行在线下单，或者直接拨打销售服务热线进行咨询。

社会化媒体营销

调研显示，93%的营销经理已经在应用社会化媒体进行营销。这些社会化媒体包括社交网络、在线社区、博客站点、在线百科、图片和视频分享社区、自媒体平台等。

社会化媒体营销基于高质量的内容构建信任，最重要的三个目标是创造网络曝光量、增加注册用户转化以及带来高质量的销售机会。

提升网络曝光量

社交网络聚集了海量的活跃用户，他们创造了社交网络上的大部分内容和互动。社交媒体具有平等沟通的特性，更利于企业与潜在客户之间发起和保持平等的互动。你可以在微信、微博、博客、视频分享社区等社会化媒体上发布相关的产品资讯和服务信息，利用社交网络上的粉丝关注效用和社群互动转化效应增加这些产品资讯和服务信息在社交网络上的曝光量。

社交网络具有极强的热点信息聚焦效应。如果你能恰到好处地把握社会化媒体传播的热点，在短时间内就能通过社交媒体与大量的潜在用户实现信息传播和内容互动。

增加注册用户量

脸书、微信这样的主流社会化媒体平台往往聚合了数以亿计的活跃用户。你可以利用高质量的内容吸引用户的关注，然后通过精心策划的新客户获取转化活动，促进社交网络的用户从免费的基本内容订阅转化为付费的内容订阅，或者转化为产品的注册用户。

招商银行信用卡在微信公众号上提供了丰富的促销资讯和用卡攻略，吸引持卡用户的关注，依托微信提供便捷的自助服务促进持卡用户转向这一成本低廉的互动渠道。通过分析微信公众号订阅用户的内容偏好和社交行为，有针对性地策划和推送与用户生活相关的内容，推荐适合用户社会身份特征的信用卡产品和服务，促进信用卡产品和服务的销售转化。招商银行信用卡还在微信上发起了富有吸引力的内容营销活动，利用活跃关注用户的分享和互动评论在短时间内就能达到数以百万计的信息传播和潜在用户关注。

高质量销售机会

社交网络上的海量用户蕴藏着巨大的潜力。零售、金融、旅游、休闲等行业的许多企业利用脸书和微信发起的营销应用已经证明了社会化媒体对于促进销售转化的巨大效应。

汽车保险是一个有明显销售窗口期的保险产品，汽车保险公司之间对于低风险的优质车险客户的竞争异常激烈。汽车保险公司通过微信公众号的内容运作，以高质量的内容吸引汽车用户的关注，持续发起与汽车相关的驾乘技巧、周边产品和保险服务相关的热点话题，研究和理解用户的浏览关注和响应情况，针对性的策划周期性促销活动，吸引潜在客户下载优惠券或参与营销体验活动，促进高潜力用户对车险产品关注，促进后续可能的销售转化。

如果运用得当，社会化媒体营销还能降低服务成本、吸引业务合作伙伴、提升搜索引擎排名、减少营销预算投入和促进业务成交转化。

典型的数字化用户转化模式

在数字化时代，基于连接的转化不仅是产品购买行为，还包括关注、分享、推荐、试用、订阅等多种行为。你可以采取不同的数字化转化模式吸引、促进和刺激连接的用户向对你有利的行为转变。

数字化环境下常用的用户转化模式有：

- 免费
- 订阅
- O2O
- 社会化压力

数字化转化模式一：免费

免费并非对所有的产品和服务都免费。可持续的商业模式总是需要从产品或服务的本身或者产品和服务的延伸获得短期或长期的盈利可能，只有这样免费模式才可能持续。

一个有价值吸引力的好产品辅以免费模式常常能够在互联网上创造超常规的用户增长。一些软件商通过对基础版本的产品和服务免费带来的庞大用户基数来获得市场份额，再以向少数需要高级版本的用户提供高附加值的收费服务的方式获得盈利。2003 年创立的 Skype 通信软件通过免费模式在短时间内吸引了大批用户。360 也是免费模式的率先尝试者和受益者，通过将杀毒软件全面免费，短期获得了巨大的市场份额和海量的用户，将竞争对手几乎逼到绝境，然后 360 再通过用户经营将吸引来的用户流量转化为数字广告而获利。

基于免费模式的用户转化有这样 3 种典型模式：

第一，个人服务免费，商业服务收费。谷歌是互联网世界的免费大师。谷歌利用搜索引擎、邮箱、地图、个人助理等多个用户欢迎的免费数字化产品带来数以亿计的用户连接和巨大的搜索点击流量，谷歌利用将这些流量转化为商家需要的在线广告流量的方式获得商业收入和持续盈利。免费产品的用户基数越大，产生的使用量越多，能够转化具有商业价值的广告流量也越多，谷歌鼓励用户免费使用这些产品，并且持续投资优化这些产品的用户体验。谷歌已经成为全球最大的在线广告商，在 2016 年占有全球 64% 的数字广告市场份额。

第二，基础服务免费，高价值服务收费。QQ 是腾讯公司开发的一款互联网即时通信产品，对于普通用户提供的基础服务完全免费，逐渐积累起数以亿计的庞大年轻用户群体。腾讯 QQ 提供的免费基础服务建立起极强的用户黏性，然后利用营销将这些免费用户中的一部分转化为游戏社区的付费用户，从更富有价值潜力的游戏社区经营来获取收入和利润。许多交友网站也采取类似的免费策略，以提供免费基础服务的方式吸引注册会员构建庞大的用户基础，再通过向高级别会员提供差异化高价值服务的方式获取收入和利润。

　　第三，基础服务免费，延伸增值服务收费。许多网络游戏平台采用这样的免费策略。网络游戏大多是开放的平台，为了迅速扩展网络市场知名度和用户渗透率，对于新用户不仅免费，有时还赠送各种促销礼包，但是对于资深网游玩家所需要的各种各样的游戏装备、武器道具、令牌工具等进行价值不菲的收费。依靠免费吸引网络游戏的人气让游戏变得更加好玩，收费服务又让那些重度的游戏玩家获得了更多的装备、更高级的道具和更高的虚拟等级，让这些付费玩家获得了更大的成就感。

数字化转化模式二：订阅

　　在线下的实体世界里，试用常常被视为促进零售购买的一种体验式营销手段。在线上的数字化世界里，试用也是经常采用的一种营销转化策略。

　　数字化催生了许多提供内容服务的商业模式，在线订阅服务变得越来越普遍。由于数字化内容产品缺乏实物产品的可触摸性和消费感知，因此试用就成了这些企业吸引和转化用户的重要策略。例如，在线视频内容网站为了增加订阅用户，往往通过试用来吸引新用户，在约定的试用期内免费浏览网站的部分内容，试用期满后转化为付费定期订阅模式或按内容点播收费的模式，当然也会有一定比例的用户在试用期满后放弃付费订阅。

　　亚马逊是订阅转化的营销大师。亚马逊的许多数字产品都提供了试用的选择，注册用户可以在约定的时间内免费试用，试用期满时用户可以选择付费订阅或终止试用。亚马逊的 PRIME 会员服务就提供为期一个月的免费试用，在试用期内可以享受 PRIME 会员的所有权益，在试用期满时可以主动选择停止试用，或者自动开始以 99 美元的价格享受为期一年的 PRIME 会员服务。对于那些参与了免费试用却没有最终购买的用户，亚马逊也能通过试用期间的数字化行为分析对用户的偏好进行学习，从而建立更加深入的用户理解，有机会在后续的用户交互或数字化内容推荐中创造更适合的销售转化机会。亚马逊的 PRIME 会员试用转化策略非常成功，高达 73%的亚马逊 PRIME 试用用户在 30 天试用期内购买了第一年的会员服务，91%的首年用户续订了第二年的会员服务。

数字化转化模式三：O2O

O2O 是线下实体渠道与线上数字渠道相结合的营销转化模式。O2O 模式的特点一方面是利用线下实体渠道的物理环境体验和人际互动的优势；另一方面是利用线上数字渠道信息丰富、交易便捷的特点促进客户获取和转化的机会。

Selfridges 是位于英国伦敦街的著名高档零售店，2014 年开始在多渠道销售创新上投资 4000 万英磅来吸引在线用户。Selfridges 研究发现许多在线顾客都是国际买家，为了吸引这些顾客的购买潜力，Selfridges 丰富了在线商城的产品品类，多达 80%的店面商品都可以从 Selfridges 的在线商城买到。Selfridges 研究发现一些奢侈品购买者有明确的品牌购买目标，他们总是希望快速完成购物过程，不喜欢将过多的时间花费在开车进停车场和店面现场选购的过程，Selfridges 专门为这类客户群设计了"驾车穿越"式的快速服务，顾客在线下单完成支付，开车来店面的专门通道不用下车即可直接取货离开。

O2O 主要有这样 4 种基本形态：

- 线上交易到线下体验。这一模式利用线上营销覆盖海量的互联网客户群，吸引他们在线完成订单，然后到线下进行消费。团购网站就应用了这一模式，团购网站整合线上和线下的消费资源，并以比线下更加优惠的承诺吸引用户在线注册，注册用户在团购网站上选择产品或服务，以比线下店面优惠的价格预订产品或服务，完成在线支付即可获得用于线下消费的数字代金券，在线下使用代金券消费支付。

- 线下营销到线上交易，再到线下消费体验。这种模式主要应用于线上能够提供更多购买优惠的情况。顾客在线下消费场景消费时，看到线上交易的优惠，在线上完成产品选择和支付后，继续在线下消费体验。Amazon Go 就设计了具有便捷体验的新型零售线下书店，亚马逊的用户在线下书店直接扫描图书的编码，以亚马逊网站的优惠价格完成支付，即可直接带着购买的商品离开。

- 线下营销到线上交易。这种方式拓展了线上交易的营销场景，利用线下的传统渠道进行营销宣传，吸引顾客到网上完成交易购买。早期的互联网公司在虚拟数字化商品的营销中常常采用这种模式，在线下人流密集的地铁车站投放线上营销广告，吸引人们看到广告后转到线上的交易过程。随着数字支付技术的发展，人们现在直接扫描二维码就能连接移动网站，在线完成订单和交易支付过程。

- 线上营销到线下体验，再到线上交易。对于线上交易有所担心的人们，这一模式可以引导他们到线下的实体店面进行体验，再回来线上完成交易，线下的店面在这一模式里起到了展厅的作用。

数字化转化模式四：社会化压力

Opower 是一家总部位于美国弗吉尼亚州的软件服务公司，与公共事业机构合作提供更加高效的远程能耗控制解决方案。在 2013 年 TED 主办的一个世界变革思想的全球性会议上，Opower 公司 CEO 亚利山大 • 拉斯基（Alex Laskey）讲述了一个成功改变用户节约能源行为的例子。

为了鼓励人们节约能源，Opower 公司测试了以下三种信息：

- 你这个月能省下 54 美元。

- 你能省下一个星球。

- 你能成为一个好市民。

结果这 3 种方式都不见效。接下来，Opower 公司的团队策划传递了第 4 个信息，"你的邻居做得比你好"。意想不到的奇迹发生了，有 77% 的人在供暖季看到邻居调低了空调温度，他们随后也调低了自己的室内空调温度。

拉斯基解释说，如果事情做起来不太方便，即使我们相信这样做是对的，仅仅说服也不会起到明显的效果，社会压力反而是一个很有力的促进因素。对于每年能源浪费高达 400 亿美元的美国，拉斯基相信运用社会化带来的力量引导人们行为的共同转变每年能够节约 180 亿度的能源消耗，相当于每年减少一千万吨的碳排放量，每年节省 22 亿美元。

移动社交应用能够以更加便利的方式和更低的成本促进人们的行为转变，而且实现起来也更加有趣。微信朋友圈里一度火爆的健步类运动应用能够基于位置服务自动记录人们每一天的运动情况，比如运动了多长时间、跑了多少米、平均速度是多少、消费了多少能量、你运动的路线图等，更重要的是，能够通过移动应用看到你在与你一同使用这一应用的群体中的位置。"你今天打败了 91% 的人"这样的信息会让你感到很有成就感，更愿意分享到朋友圈，你的朋友们也会纷纷点赞，或者通过评论给你提出各种建议。这种社会化反馈带来的愉悦感和正能量也会促使你更努力地坚持下去。

体验：制胜的关键

- 认识客户眼中的体验
- 体验为什么如此重要
- 数字化环境的体验特征
- 数字化体验的 5S 原则
- 重新思考速度
- 简单，以人为本
- 无缝一致性体验
- 智能化体验
- 创造惊喜
- 描绘客户的体验旅程
- 让客户的想法驱动体验
- 体验的衡量

"客户体验是下一个竞争激烈的战场，这里决定了商业的输赢。"

——Tom Knighton

认识客户眼中的体验

如果说有什么公司可以从提升客户体验中获益，肯定少不了航空公司。

达斯汀·柯蒂斯（Dustin Curtis）是美国航空的客户，同时也是一位用户界面设计师。2009 年，他给美国航空写了一封公开信，表达了他在使用美国航空公司网站 aa.com 的过程中糟糕的体验经历。

"最近，在使用 aa.com 网站进行机票预定的时候，我遇到了非常糟糕的体验过程。这次的预定体验过程糟糕到让我产生了再也不想乘坐美国航空飞机的想法……如果是我在运作美国航空这样一家具有悠久历史和文化的公司，那么我会对公司运营一个如此差劲的网站而感到羞愧。你们的 CEO 对于如此对待客户的方式会如何辩解？你们的董事会怎么会认可这种行为？你们的网站简直就是在蹂躏客户的体验，这不仅限制了你们可能获得更多的收入，而且降低了你们在每一位网站访客心目中的品牌形象。"

美国航空公司网站 aa.com 原先的首页如图 8-1 所示。

只是吐槽抱怨差劲的网站体验感知还算比较容易，值得关注的是，达斯汀在信中还提出了一些关于如何改善美国航空公司网站用户体验的建议。他建议了如图 8-2 所示的页面展示，这个页面简洁、干净、高效。

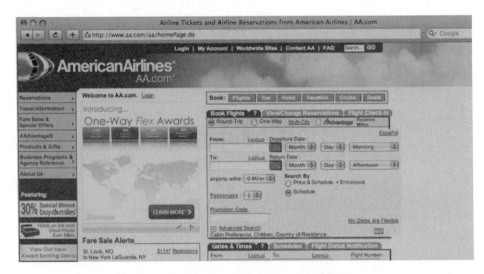

图 8-1　美国航空公司网站 aa.com 原先的首页

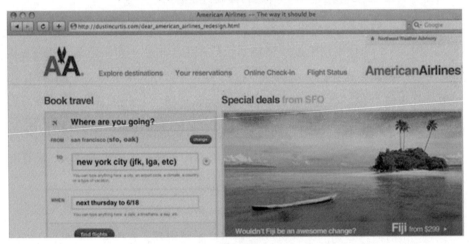

图 8-2　达斯汀对美国航空网站 aa.com 的改进建议

更加不同寻常的是，达斯汀居然收到了美国航空公司设计师的回复。这位设计师在电子邮件中指出了为什么做到达斯汀提出的网站改善建议是如此困难：

"我想我会正视我所做的工作，和我一起工作的同事们都相当出色。关于来信中指出的由于能力、企业文化或业务流程原因造成的 aa.com 网站的设计问题已经在解决了。

运作 aa.com 的是一个 200 多人组成的团队，包括质量控制、产品计划、业务分析、代码开发、网站运营、活动计划和用户体验人员。此外，我们还有许多测试人员对网站的内容和功能提出改进意见。

将网站设计制作成你来信中建议的样子只需要几个小时就可以完成，但是设计并不是最困难的部分，我想这是很多局外人所不了解的，这或许是因为他们大多数都在事情容易搞定的小型公司里工作。但是像我们这样规模的企业，即使是很小的一个设计优化也需要克服重重困难。

我们的互动营销团队在设计机票销售政策和执行特价票促销时并不通知我们，内容发布团队在推送内容的时候也不怎么与我们沟通……哦，还有 AAdvantage 会员团队出于某些原因在运作网站的一部分，以及在域名网站上有很大自治权的国际站运营团队。无论如何，我想说的是 aa.com 是一个庞大的运作团队，涉及多个产品线和职能部门的利益。无论怎么说，都不算小。"

是的，aa.com 并不是一个小型的团队。所以我们有必要将这一体验优化问题从设计层面提升到业务层面。管理者并不会探讨设计或技术问题，他们只关心回报和产出的问题，然后将这些问题反馈给股东们。美国航空的乘客们只是简单的分享感受。只有当客户接触点已经糟糕到客户纷纷离开以至于影响了公司经营效益的时候，公司管理者才会考虑改善和提升客户体验的方案。

你能想象美国航空公司在和客户进行了这样的邮件交流后，会重新评估他们的体验设计方法吗？不，他们也许会开除网站设计师，然后说他违反了保密协定。对于开头的公开信，柯蒂斯先生很可能会收到来自美国航空发言人的一个类似这样的官方回复：

"超过百分之九十的美国航空乘客对 aa.com 给出了很好和极好的评价。我们经常收到客户对于网站的反馈。对于柯蒂斯先生提出的意见，我们一贯重视并会认真考虑所收到的反馈意见。"

这样的回复并没有任何实质性的内容。

实际上美国航空公司认为柯蒂斯先生的反馈十分有用。看看 aa.com 重新设计的网站首页是不是有点眼熟，如图 8-3 所示。

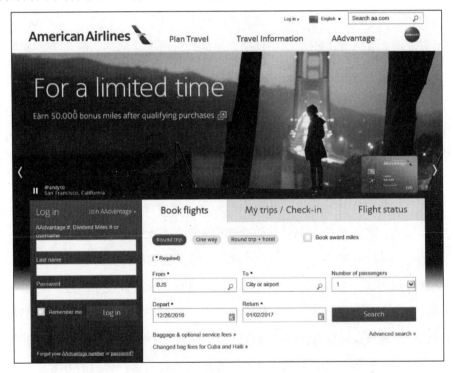

图 8-3　美国航空公司网站 AA.com 改版后的首页

这一案例表明一个品牌如果需要长远的发展，不仅需要对公司网站、移动应用、客服热线等客户接触点进行重新设计，还需要将产品设计、市场营销、客户服务、运营管理等工作内容有机地连接起来。

体验为什么如此重要

发人沉思的研究结果

以客户体验著称的迪士尼公司针对 500 家美国公司所做的一项研究表明：超过 60%的公司提供的服务处在平均或较差的水平，这两个层级都是客户难以接受的体验。仅有 15%的公司提供的服务体验达到了卓越与超出平均的水平，还有另外 25%的服务体验只能用糟糕来描述。

美国运通公司在 2011 年所做的一项调查显示：80%的顾客认为中、小型企业比大型公司更加关注客户服务和体验。尽管如此，这些规模较小的公司在他们认为提供的服务水准与实际提供的服务水准之间仍存在较大差距。

美国时代杂志一篇题为"客户服务的魔咒"的文章指出，80%的公司相信他们提供了卓越的客户服务，但实际研究显示仅有 8%的客户感受到他们的确享受到了卓越水平的服务。

数字化放大了客户对体验的期望

数字化时代，体验成为企业核心竞争力的一部分，与产品设计、营销、销售和财务同等重要。2015 年的一项全球研究显示，92%的消费者信任来自朋友和家人的推荐胜过任何形式的广告，这一数字在 2007 年时只有 74%。

数字化时代赋予人们更多的选择权，你的顾客希望你能取悦他们。数字化场景中的每一次点击、每一次互动，要么增强客户体验，要么削弱客户体验。如果你的产品和服务没能传递良好的体验，人们要么不愿意使用你的产品或服务，要么不希望再次使用你的产品与服务。

在过去的几年里，以技术擅长的公司在应用数字技术改善用户体验的同时，也给行业树立了新的品牌形象和体验标杆。正如在出租出行市场看到的那样，数字技术让优步、滴滴这样的领先者赢得了巨大的市场优势和客户号召力。数字时代的简单跟随策略已经很难保持与领先者之间的距离，落后的挑战者将会面临客户更加挑剔的对比式的卸载选择。

好体验赢得客户

人们值得你更好地对待。如果你不相信这一点，那么几乎可以肯定你无法提供超出平均水平的服务体验。良好的体验可以帮助你赢得一个义务的服务大使。

- 40%的顾客会因为良好的服务声誉而转向购买竞争对手的产品。
- 55%的顾客愿意因为出众的服务而把公司推荐给别人，而非产品或价格。
- 85%的顾客愿意为了获得出众的服务而多付产品价格的25%。

差体验赶走客户

数字化技术加速了信息的传播速度，扩散了信息的影响范围，这同时导致客户端的信息变得更加透明，客户对体验的期望有所提高。数字化时代的客户通过网络连接起来，客户的声音变得更有力量，差体验带来的破坏性影响力远甚从前。在社交如此发达的移动互联网时代，不满意的顾客可能还没有走出你的大门，他们对你的负面评论就已经像雪花一样充满了社交网络。与过去几年相比，越来越多的客户会在经历糟糕体验之后选择离开。

- 82%的人因为糟糕的体验而停止与该公司的业务。
- 95%的人会在遇到糟糕的体验后采取行动。
- 79%的人会把糟糕的体验告诉别人。

如果你觉得你的垄断地位稳固，没有其他公司可以威胁到你，这样的好日子不会长久，将来总有一天竞争会来。到那个时候，你的傲慢将会付出代价，你在服务上的恶行和懈怠将会得到客户的惩罚。

数字化环境的体验特征

对于绝大多数传统服务来说，无论是实体环境下的现场服务，还是通过电话传递的远程服务，本质都是人与人之间的交互体验。与传统服务体验更多是人与人之间的人际交互以及人与实体环境的交互相比，数字化环境的体验有了很大的不同，更多体现在人与数字化界面的交互。

数字化环境下的体验有这样三个重要特征：

- 数字化环境产生了更多体验关键时刻。
- 数字化交互的体验可以随时进行分享。
- 数据的应用为体验赋予了更多的可能。

数字化体验的关键时刻

关键时刻（Moment of Truth，MOT）是最重要的服务概念之一，发源于航空业的服务管理，最先由北欧航空总裁简·卡尔森（Jan Carlzon）于 20 世纪 80 年代初期提出，用于描述在服务交互过程中对客户产生重要影响的场景。

随着服务经济的发展和服务管理理论的完善，在数字化环境下形成了这样
4 种类型的关键时刻，如图 8-4 所示。

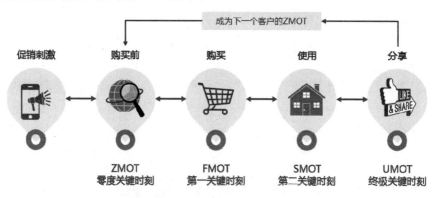

图 8-4　数字化体验的关键时刻

- 零度关键时刻（Zero Moment of Truth，ZMOT）。这一概念最早由谷歌
  提出，当人们搜索他们想要的结果时，在线搜索体验就是一个零度关键
  时刻。根据谷歌的分析，91%的智能手机用户会在购物过程中通过智能
  手机检索和查看信息。在数字化环境下，零度关键时刻通常处在数字化
  门户上，是体验连接的入口。

- 第一关键时刻（First Moment of Truth，FMOT）。这一概念源于宝洁公司，
  是指当人们看到你的产品并形成第一印象的时刻。第一关键时刻处在购
  买前的体验过程中，这些场景的体验会对客户的购买行为和购买决策产
  生重要的影响。在数字化环境下，产品页面的促销介绍、购物车的体验
  等都是第一关键时刻。

- 第二关键时刻（Second Moment of Truth，SMOT）。第二关键时刻是产
  品使用后的体验和反馈，这一过程不只是一个时刻，包括人们体验你的
  产品的感知、思考、视觉、听觉、触觉、嗅觉和味觉的综合，也包括你
  在关系周期中如何持续支持和服务他们。

■ 终极关键时刻（Ultimate Moment of Truth，UMOT）。这一时刻是客户基
于你的产品和服务的体验创造内容的时候。例如，用户在手机上打开亚
马逊、淘宝、优酷等数字化应用，对相关的产品和服务进行评论、分享
和推荐等。一个客户的终极关键时刻会形成下一个潜在客户的零度关键
时刻。

从零度关键时刻到终极关键时刻，客户经历了一系列体验感知和情感变
化。对于大多数产品导向的公司来说，这一过程是在不同的环节或时间点上由
多个不同的部门负责执行的，受内部职能割裂的影响，这些关键时刻之间并不
怎么协调，常常是支离破碎的。

数字化环境的体验可以随时进行分享

终极关键时刻引出了一个重要的体验概念，分享的体验（shared
experiences）。分享的体验已经形成了新的搜索。美国 AYTM 市场研究公司的
研究报告表明，95%的消费者在搜索相关网页内容时会同时使用谷歌和
YouTube 这样的视频分享网络。社交网络、视频网络、移动应用、博客、论坛
等形成了新的内容搜索引擎，这些内容搜索的结果不是网页内容和多媒体内
容，而是人们的评论和分享的体验。

分享的体验成为数字化营销的关键部分。人们每天以视频、评论、微博、
朋友圈更新等内容形式不断产生值得分享的体验。谷歌和百度也在持续优化搜
索算法，在搜索结果中不断增加与人们分享的体验相关的有用内容。

数据的应用给体验创造了更多可能

进入数字化时代，数据的收集变得容易，更大的挑战在于如何有效地分析

和应用这些数据，如何将收集到的数据与客户的体验策略连接起来，设计客户体验旅程和体验场景，实施提升客户体验的互动，并且与有助于提升经营绩效的营销策略结合起来。

数据在贯穿影响客户体验的关键时刻具有重要的作用。以交易达成后的忠诚接触为例，忠诚的客户每天看到的是同一个品牌，不同的部门往往独立地看待每一个交易事件。数据能够将与客户忠诚相关的接触点连接起来，帮助不同部门看到超越独立交易的信息，从而区别对待这些客户，让他们感受到与众不同的体验。

数据在指导构建有效的客户体验架构中的作用非常重要，但是仅有数据还远远不够。要构建良好的体验，你不仅需要向外看，关注客户的体验需求并理解客户的行为特征，也需要向内看，关注你的运营团队协同和体验的交付能力。

数字化体验的 5S 原则

作为实体世界的体验标杆，迪士尼希望人们在迪士尼乐园里能够真正体验到每一个人都是平等的，并且每一个人都受到欢迎。迪士尼构建了一系列理念和方法来实现对迪士尼游客的体验承诺。

迪士尼将体验的理念和方法总结为 ICARE 原则：

- 印象（Impression）。给游客留下深刻的印象。在主题服务的吸引力、国际化、辩识度、职业精神、质朴性、自豪感、切身感受、一致性等方面都表现出色。
- 连接（Connection）。建立与客户的连接。随时给予游客个性化的关怀，传递富含知识的互动，让游客感受到尊重和信任，促进更长久的关系。

- 态度（Attitude）。让游客体验到迪士尼的真诚态度。给予游客选择权，不断制造期望、惊喜和快乐的时光，营造乐观的气氛，让游客主导体验的过程。
- 响应（Response）。具体和及时地回应游客的需求。尽可能传递细节和具体的承诺，提供完善的应急措施，优化客户服务流程，对于发现的不满及时进行补救。
- 非凡（Exceptionals）。非凡的体验离不开内部的能力。无论在客户文化、追求卓越、团队合作还是内部培训上，都努力做到让游客感受到与众不同。

与现实世界的服务相比，数字化带来了全新的场景和连接，人们不再只关心个人接触点，他们基于亲身经历的过程和感知的一切来综合判断体验带来的价值。数字化的客户更加关注提供产品和服务的速度以及获取、使用产品的便捷性，他们使用智能产品建立多种连接，也受社交网络的影响。

迪铭（dmclick.com）研究数字化环境下的客户体验需求与行为特征，基于多个行业的数字化转型研究和体验咨询实践提出了数字化体验的 5S 原则，如图 8-5 所示。

图 8-5　数字化体验的 5S 原则

■ 速度（Speed）。数字化客户对速度的要求变得越来越重要。

■ 简单（Simple）。数字化客户希望拥有简单、不费力的产品和服务。

■ 一致（Seamless）。数字化客户希望每一次的体验交互是一致的。

■ 智慧（Smart）。数字化客户希望提供的体验具有时代的特征。

■ 惊喜（Surprise）。数字化客户希望服务能够超越产品本身。

重新思考速度

由于缺少了人际交互的过程，因此响应速度成为数字化体验最直接的表现。速度快一度成为互联网体验的代名词。

快意味着人们希望立即获得结果，一秒钟都不愿意多等待。

■ 他们搜索信息时希望立即得到正确的结果。

■ 他们选择产品时希望立即得到报价。

■ 他们提出问题时要求能立即给予解决。

■ 他们打出电话时希望马上能够被接起。

■ 他们甚至希望问题还没有发生就已经被解决。

■ 他们不希望等待，他们的要求就是一个字，快！

■ 在移动互联时代，快意味着现在。对的，现在！

■ 他们一刻都等不及，他们现在就要！

在数字化时代，你需要重新思考速度，重新思考向客户提供服务的每一个环节，看看是否跟上了这个时代。在激烈的互联网竞争环境下，用户渐渐失去等待的耐心，他们希望的是现在就要！即使你的产品或服务出了问题，能让客户感知到更好的体验仍然是：解决问题的速度快！

你如果不能做到足够快，客户中的有些人就可能在朋友圈里抱怨，要么在社交网络上发表意见，要么他们都懒得留下评论，直接到你的竞争对手那里去了。你可能觉得你做到这些是合理的，因为你可能已经尽力了，或者你已经觉得足够快了。不过在他们眼里，你讲的这些并不重要，重要的是你的竞争对手是否做到了更快。

这并非评价你的努力是否已经足够，而是关乎你是否跟上了这个时代的速度期望，甚至为了从竞争中胜出，你需要领先这个时代的速度！

电商交付速度的竞争

当京东推出 211 限时送达服务时，其他互联网零售商觉得次日送达就已经足够快了。京东 2010 年 3 月 31 日公开承诺：对于上午 11 点前提交的现货订单，当日送达；夜里 11：00 前提交的现货订单在第二天上午送达。

客户虽然没有明确提出这样的要求，但是在互联网上消费的用户喜欢这样的快速体验。京东以 211 限时送达服务标准在网购产品交付速度上树立了新的体验标杆，将电商行业大多数人认知的快递升级为"速递"，构建了京东独特的其他电商又难以模仿的核心体验。京东的这一战略性的体验升级行动赢得了网购消费者的一致赞颂，在从 2010 年开始的中国电子商务市场爆发成长期，京东以"网购送达的速度快"的体验深入人心。京东没有止步于一时的领先，而是持续升级和优化产品交付这一关键时刻的体验，不断创新了极速送达、限时送达、夜间配送、次日送达、定时配送等各种服务。

秒批的信用卡申请

还记得你的第一张信用卡从提交申请到拿到信用卡等待了多长时间吗？以前信用卡中心在受理申请件的审核、授信和批核过程通常耗时至少一周时间，批量制卡又要用去好几天，再加上寄卡过程的邮寄时间，信用卡申请人总是要在提交申请的十几天甚至一个月以后才能拿到卡片。大多数银行信用卡中心就是以这样的效率十几年如一日的运作，银行信用卡中心的员工习惯了这一过程，而传统世界的人们也一直忍受着这一现状。

笔者带领迪铭团队在 2012 年为一家银行信用卡提供全面体验咨询的时候发现，在移动互联时代，年轻的客户对于信用卡中心漫长的审批时间失去了耐心，他们中的一些人经常会同时向几家信用卡中心提出申请，然后使用批核通过和收到卡片最快的那一张。用户的这一行为颠覆了传统银行管理者一直以来高高在上的认知，信用卡中心的管理层们开始认真审视内部的运作，开始思考随着客户体验行为的变化他们是否已经落后于这个时代。

那时，在信用卡中心收到的申请中，来自银行的支行网点和信用卡线下展业团队的占到75%以上，电话销售中心贡献了20%左右，来自互联网的申请只有微乎其微的数量。我们已经意识到当时处在移动互联网爆发的奇点，重塑信用卡在线申请审核体验正是大势所趋。我们的顾问和信用卡中心的管理人员重新全面审视了包括申请、审核、制卡、寄卡、激活的一系列过程，设计了全流程体验蓝图，重新设计体验交付模式并优化作业流程，在提升在线申请体验的同时，大幅提升了批核寄卡的速度。现在来自互联网渠道的申请数量已经占到这家信用卡中心新发卡数量的70%以上，对于资料齐全的信用卡申请，在线即可获得信用卡中心的批核确认，根据申请人所处的城市不同，最快第二天就能拿到可以使用的信用卡片。

随着更加智能化的数字连接技术发展和数据技术的广泛应用，对于信用好的申请人，信用卡中心需要思考如何做到在线实时审批，在几秒钟内就告诉客户申请获批。随着虚拟卡技术的应用，申请获批的同时，客户就可以使用虚拟卡进行在线消费支付。

秒批！没错。听起来这有点难做到，不过数字化一代的年轻客户就是喜欢这种感觉。

简单，以人为本

体验不只关乎你的品牌和产品，更关乎人性。从客户的体验感知来说，产品的提供方式与产品同样重要。由于缺少了人际交互，因此在数字化环境下更依赖基于人性的深刻洞察来指引体验的设计和交付过程。与传统环境下期望获得专业的指导不同，人们在数字化环境下更希望的是简单。大多数客户并非专业人士，即使你的产品非常专业，人们也希望你的产品以简单的方式呈现。

苹果公司创始人乔布斯是洞察人性的大师。如果说苹果手机是数字化时代的革命性产品，那么乔布斯对于苹果手机的设计思想就是这一划时代产品真正的灵魂所在。

苹果产品和服务处处体现了以用户为中心的极简的设计理念：

- 以极简的易用性实现对每一个人的尊重。苹果的产品界面简洁、功能易用，无论幼儿、老人，还是普遍抵触技术性产品的女性用户，都能够很容易地学会操作，在实现简单易用性上，苹果产品超强的容错性能也功不可没。历史上从来没有哪一款功能强大的技术性产品能够像苹果产品这样覆盖如此多层级的用户群体。

- 将用户真正置身于零售店面体验的中心。为了实现让每一个人都愿意走进店面并充满愉悦的离开，苹果店的所有产品都以开放的方式进行展示，让人们能够毫无压力地自由触摸、使用和尝试，苹果店的员工帮助人们更好地接触、试用和了解苹果的产品，并在任何需要的时候提供帮助。

- 从用户的体验需求出发构建产品的生态。苹果公司于 2001 年推出 iPod 数字音乐播放器时，乔布斯力排众议，打破了音乐行业数十年以来一直按整张专辑销售的传统，开创了按下载歌曲而不是整张专辑付费的先河，允许用户从 iTunes 里选择任意一首歌曲进行付费下载，并且将原来复杂的定价简化为每首歌曲一美元。这一用户导向的行动改变了音乐行业一直以来产品导向的强势做法，革命性地影响了数字音乐行业的发展。

无缝一致性体验

进入数字化时代，公司与客户之间的连接渠道增多，接触点数量和接触场景暴增，大多数公司不能在这种情况下提供一致的客户体验。研究表明，企业在全渠道的数字化环境面临的关键挑战是：如何在全渠道环境下向客户传递无缝的体验，做到跨渠道体验的一致性。

不一致也是数字化客户经常抱怨的体验问题。这种不一致在于客户认为你的表现与他们的期望不同。存在这种不一致的原因一方面在于，公司一直以来形成的以产品导向面对客户的不同渠道界面和技术支撑上的各自为政；另一方面在于公司对于给客户带来的体验割裂并没有给予真正的重视和对待。

客户感觉不一致的体验主要体现在以下三个层面：

- 承诺不一。你是否只关心如何卖出产品，而没有想过如何提供优质的服务。你没有认识到产品的问题本身就是产品的一部分。客户会发现，在他们遇到问题的时候，你的态度并不如你承诺的那样友好和负责任。你的网页上只有产品促销的信息，几乎从不提及客户可能关心的服务。

- 表里不一。你在营业现场和营销传播中宣称以客户为中心，在客户感知到的行动上却表现出另一回事。这极有可能造成你拥有看似光鲜的品牌，却有很多人在数字化媒体上吐槽你的服务有多么的糟糕。

- 上下不一。公司高层公开宣扬客户体验的重要性，客户感受到的体验却是另一回事。现场的客户能够从你的员工提供服务的冷漠程度感受到你对他们的漠不关心；数字化客户能够从你支离破碎的网页内容上感受到你割裂的各自为政的组织。

还记得本章开始的案例吗？就像那位美国航空公司的设计师讲到的那样，让所有相关的职能协同起来并不是一件容易的事。要想向客户传递无缝的体验，让你的公司看起来是一个整体，并不是建立一个统一的组织架构，或者让职能相关的部门和员工坐在一起工作就足够了，你需要以客户的目标统一公司各个部门和人员的认识，并真正为这个统一的目标采取共同行动。

智能化体验

数字化技术为创造与众不同的非凡体验提供了更多可能。迪士尼从未停止如何改进迪士尼乐园体验的思考。面对移动互联时代的到来，迪士尼希望能够继续引领潮流，利用数字化技术持续无与伦比的领先体验。

迪士尼斥资 10 亿美元打造了 MagicBand（魔幻手环，见图 8-6），希望能够创造一个整合迪士尼公园门票、酒店房卡、快速通行卡和支付功能的产品。迪士尼公司从 2010 年就在秘密开发这个具有颠覆性体验的数字化智能设备项目，在 2013 年夏天，MagicBand 首次进行公众测试。现在只要是迪士尼世界卡的会员或者入住迪士尼度假酒店的客人，就可以自动获得魔幻手环。

图 8-6　迪士尼魔幻手环

魔幻手环的设计能够防水，有 7 种颜色（粉、绿、红、橙、黄、蓝、灰）可供选择，提供 60 种迪士尼主题设计图案，足以满足一个大家庭的个性化选择。魔幻手环的使用非常简单，只要在线创建一个迪士尼账户，在登录账户时关联魔幻手环即可。

魔幻手环内嵌了智能传感器和可穿戴计算技术，借助这些无形的数字化技术，游客在光顾迪士尼时能够享受多种功能：

- 无须信用卡或现金就可以实现支付购买。
- 进入主题公园。

- 打开酒店房门。
- 预订快速通行卡（FastPass）。
- 进入迪士尼在线照片账户（PhotoPass）。
- 查询和优化等待时间。
- 预订晚餐。
- 接收个性化的推荐。

魔幻手环给迪士尼的顾客带来了便利和愉悦，在以下这 3 个方面强化了迪士尼的体验：

- 场景响应速度。魔幻手环的应用提升了迪士尼提供服务的响应速度，在预约速通卡等传统体验痛点上提升了效率，在进入主题乐园、打开酒店房门等识别场景整合了响应速度和操作的便捷性。
- 整体的一致性。魔幻手环将迪士尼线下的乐园、酒店等设施与线上的服务功能连接了起来，通过数据的整合和共享实现了更加连续和一致的游客体验。
- 对人性的尊重。迪士尼的人性化不仅体现在魔幻手环满足个性化家庭选择的产品设计上，更是将迪士尼的理念通过整合多个场景的体验设计和服务交付展现了出来。

迪士尼公司也从每一个魔幻手环的使用获得了大量有用的数据。通过对魔幻手环数据的分析和挖掘，迪士尼可以发现改进产品和体验的新方法，包括：

- 提升客户忠诚。
- 增加业务收入。
- 吸引客户关注。
- 发现客户的洞察和偏好。

- ■ 通过先进的客户管理系统提供个性化服务。
- ■ 改进运营效率。

迪士尼魔幻手环利用先进的数字化技术实现了游客数据的收集、分析和应用，成为连通迪士尼体验的重要产品，这也成为迪士尼体验的一部分。

创造惊喜

惊喜是在关键时刻传递超越客户期望的体验。数字化世界每天都在变化，数字化的用户更喜欢新鲜感，你无法以千篇一律的界面和官方口气的内容形成对数字化用户的吸引。好在数字化世界发明了许多新的方式来创造惊喜，如随机奖励、游戏化机制等。星巴克就在到访零售店面的顾客付费时随机提供"这杯免费"的奖励，以这种方式创造顾客的惊喜体验。

荷兰航空总在思考如何在社会化媒体时代营造更好的体验，他们发现长途旅行很是耗费精力，人们在乘机旅行中的时间总是很零碎，还有在机场等候登机这样的空闲时段，乘客们总是会想些办法度过这些无聊的时间。荷兰航空思考如何将乘客这些无聊的时刻转变为体验的惊喜，他们运用社交网络传递惊喜的做法让客户觉得与众不同。他们给要长途旅行的老年旅客更换一个宽松的座位，让他们享受更加舒适的旅程；为周末度假的女士送上可穿戴的健身手环，满足她们一直以来的小小心愿；为苹果产品用户提供苹果应用商店的充值卡，让他们下载喜欢的音乐；为前来参加会议的人士提供电影票，让他们在工作之余享受休闲时刻，等等。荷兰航空的服务人员应用社交网络关注乘客的动态，在登机口找到这些乘客，或者在进港通廊迎接他们，一次次地送上惊喜，传递来自荷兰航空的问候。

传递惊喜就是像荷兰航空这样在关键时刻做到超越客户期望的行动。你能够将复杂的事情变得对客户来说很简单，能够在适合的时刻带给他们惊喜，甚至随性而发的行动都能带来与众不同的体验，让他们感到喜出望外。你能否做到始终如初地对待老客户，而不是用最好的利益去吸引新客户。在遇到问题时，你不只是简单地改正问题，也能将处理遇到的问题变成提供惊喜体验的机会。例如，在顾客用餐时，如果发现上错了菜，不是匆忙地说一句对不起然后就把送错的菜品端下去，而是真的将送错的菜品送给顾客来品尝，或者向顾客提供其他可以品尝的菜品，这就是利用问题创造体验惊喜的好机会。

让服务超越产品本身

要做到让服务超越产品本身，意味着能给客户更多。你不仅要能提供卓越的体验，能够帮助客户向前看，努力帮助客户获得他们需要的东西，甚至做到连他们都认为不可思议的事情，还需要注意一定不要向他们推销他们并不需要的东西。

苹果公司一直在向人们传递这样的体验：不同凡响，给你更多。苹果不只带来了 iPhone 这样的革命性产品，在超越期望的用户体验上也带来了更多。从乔布斯时代起，苹果公司每一次重要的产品发布会都聚焦于产品给用户带来的价值，不止展示新产品有多么炫，还手把手演示教客户如何更好地使用苹果的产品，将产品带来的价值和改变更好地展现在人们面前。在第一代 iPhone 手机发布会上，乔布斯亲手演示了 iPhone 智能手机的独到之处，如何使用触屏键盘输入信息、如何使用多点触控操作、如何听音乐、如何实现通话、如何收发短信息、如何使用电子邮件、如何使用互联网浏览和搜索、如何使用地图定位等，细到几乎每一项重要功能的操作。这是苹果历史上最为重要的一次产品发布会，乔布斯在 iPhone 产品和功能展示上用了超过 1 小时的时间。

你在线下的苹果店里也能感受到"给你更多"的体验。在苹果的零售店里，你能够在开放的产品展示台前自如地娱乐，没有人会打扰你，没有人会强行向你推销，在你有需要的时候，苹果店的服务人员会随时为你提供帮助，他们会细致地教你使用苹果产品的每一项功能，他们以教你学会使用苹果的产品为职责，并将让你获得愉悦感视为最重要的成就感，如果这些还不够，你还可以预约申请苹果店里的产品专家来教你学习更多精妙的使用技巧。当然，苹果店面的这些体验都是免费的。

描绘客户的体验旅程

尽管许多组织都宣称他们十分重视客户体验，不过只有少数从客户的视角描述和定义了完整的体验过程，并在优化影响客户体验的每一个关键时刻做出了真正的努力。

客户生命周期旅程

甲骨文公司是市场上少有的独家提供整合全客户生命周期体验解决方案的科技公司。甲骨文公司提出了一个描绘客户生命周期旅程的体验架构，如图8-7所示。

"购买过程"和"拥有过程"将客户的生命周期旅程整合了起来，形成了一个首尾连接的无限循环，看起来像极了"无限大"的数学符号。购买过程更多体现了市场与销售体验，包括从客户产生需求开始进行产品研究比较、做出产品选择和完成购买支付相关的子过程和环节；拥有过程更多体现了支持和服务体验，包括从客户接收产品或服务开始使用产品和服务的过程、产品的维护与客户关系维系、对产品和服务提出建议相关的子过程和环节。

图 8-7　客户生命周期旅程体验架构图

购买过程：市场和销售

- 需要　Need
- 研究　Research
- 选择　Select
- 购买　Purchase

拥有过程：支持和服务

- 接收　Receive
- 使用　Use
- 维护　Maintain
- 建议　Recommend

从客户生命周期旅程体验架构可以看出，客户体验并非始于客户来到你的面前，也不会在交易实现后就停下来。正如客户生命周期体验架构图展示的形象那样，体验就是一个包含所有购买和拥有过程的无限循环。

客户体验旅程图的作用

客户体验旅程图是一个客户体验管理工具，从客户的视角以可视化的形式描绘客户与品牌、产品、服务和人员互动的全过程。

客户体验旅程图主要包括这样一些内容要素：

- 客户体验目标和期望输出
- 旅程的主要步骤和子步骤
- 体验接触点
- 体验时间
- 体验关键时刻
- 客户的痛点和满意点
- 客户的想法、态度和情感
- 重要性
- 体验表现

一个简单清晰的客户体验旅程图能够对决策起到重要的指导作用。客户旅程图有助于实现以下三个管理目标：

- 识别体验表现与客户声音的差距。体验旅程图有助于理解关键体验环节，指导管理者分析这些关键环节上的体验表现与客户声音反映的体验期望之间的差距，衡量业务表现的体验水平以及对客户忠诚的影响，认识到你的业务表现达到客户期望的程度。

■ 引导员工建立对体验的整体认知。要是缺乏对于客户体验的整体理解，各个部门就只会关心自己的内部任务、行动计划和考核指标，员工在这种情况下的行动大多是零散的，不能向客户传递代表一个公司的整体体验。

■ 识别改进客户体验的机会与行动。高层管理者借助体验旅程图可以统一内部对于客户体验的整体认识，转变管理的语言，真正形成面向客户的职责，从而推进在满足组织需要的客户体验改进上进行一致和持续的投资。

客户体验旅程图能够帮助你发现最佳的客户体验路径。应用客户体验旅程图可以推进两个基本的体验改进策略：一是引导客户选择体验更佳的体验互动路径，二是改进关键客户接触点和交互环节的体验表现，向体验表现最佳的客户接触点和交互环节看齐。

如果你的业务非常复杂，或者想建立更为全面的客户体验管理体系，通过这一过程就能更清楚地知道哪些方面需要专业机构的帮助。

让客户的想法驱动体验

能够知道客户在想什么，并且以适合客户的方式传递持续优化的体验，一直是行业领先的体验实践者不停追求的目标。要做到这些，不仅需要利用多种方式收集客户的声音，理解客户的想法、需求和行动期望，还需要应用基于客户声音的分析和洞察来改进体验，营造独特的客户沟通。

除了利用传统的用户调查的方法来了解客户的评价外，星巴克还采取了一些非常独特的方式，专门收集星巴克客户想法的网站 MyStarbucksidea.com（见图 8-8）是其中最特别的一个。我的星巴克想法网站的理念是：分享、投票、讨论、看见。星巴克鼓励客户在我的星巴克想法网站上分享想法，提出个人的想法和对星巴克体验的建议，客户也能看到其他人最新发布的想法，并且可以对这些想法进行投票表态或加入讨论。

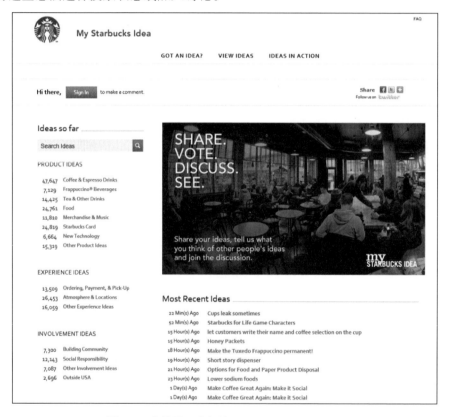

图 8-8　我的星巴克想法（My Starbucks Idea）

　　星巴克利用我的星巴克想法网站倾听和收集来自客户的声音，并发起与客户的持续对话。来自客户的想法数量如此之多，截止至 2016 年 12 月底，网站总计收集到了 23 万 7 千多条关于产品和服务的想法。这些客户的想法按照产品、体验和参与分成了三大类和 15 个小类。在客户分享的这些想法中，有 64.2% 与产品相关，23.5% 与体验相关，12.3% 与参与相关。从整体来看，与咖啡和浓缩饮品相关的想法大约占 20%，与食物、星享卡、氛围与位置相关的想法各占 10%左右。

这些想法让星巴克可以更好地理解客户的体验期望，及时改进日常的体验行动。

- 发起适当的客户调查。星巴克利用网络社区来收集用户对于产品的偏好和意见，比如询问："你最喜欢的星巴克纯烘焙咖啡是哪一种？"会员们就会在网站上做答，从佛罗纳综合咖啡豆、黄金海岸综合咖啡豆、苏门答腊综合咖啡豆、印尼科莫多咖啡豆、意式烘焙咖啡豆这 5 个选项中给出自己喜欢的选择，这些选择也帮助星巴克更好地理解客户的偏好。

- 在线聆听客户的想法。星巴克将在线聆听客户想法的人员称为代表星巴克想法的合伙人，他们可能来自不同的团队，有星巴克的咨询合作伙伴，也有星巴克的不同团队成员。他们在线聆听客户的想法，回答客户提出的问题，告诉客户星巴克正在采取的行动，努力确保各项行动事项运转顺利。

- 正在行动中的想法。星巴克没有停留在收集用户想法的层面上，而是将客户的好想法在第一时间付诸行动，更重要的是让客户看到正在进行中的行动。网站用 4 个状态标识了对客户想法的行动状态：审核过程中、审核已通过、正在行动中、已正式启用。你能够清晰地看到哪些客户的想法已经正式启用，哪些想法刚刚通过了审核。

- 鼓励客户参与的榜单。星巴克并没有只是简单地收集意见，而是将客户当成最有价值的伙伴，鼓励客户参与，对于客户分享想法、参与评论、投票支持的行为都给予了认可，并且向他们送出积分。我的星巴克想法网站首页上不仅列出了最近一个月提交的十大想法，并且能够看到想法、评论和投票的具体数量。

■ 奖励客户的参与贡献。网站需要注册才能发表想法和参与评论。星巴克
为注册用户建立了主页，能够展示注册用户最近一个月提交的想法数量
和赢得的支持投票数量。注册用户分享想法、得到对自己想法的支持投
票、对他们想法的评论、对他人想法的投票等行为都可以赢得积分。用
户可以使用这些积分在任意星巴克店面兑换喜欢的星巴克产品。

星巴克利用直接来自客户的真知灼见审视产品和服务的不足，并且及时采
取适合的行动来积极迎合客户，主动提升星巴克的产品品质与店面体验。

体验的衡量

满意度是多数公司用来衡量服务水平的主要指标之一。只需要询问客户是
否对于服务表示满意，就可以运用统计工具得到顾客满意度的结果。

在实际管理实践中，这种简单进行客户满意度评价的方式有时会陷入管理
优化的困境。我在研究中发现，一些公司的客户满意度指标已经达到了95%以
上，甚至更高，可是换一个角度来看，虽然这些公司的客户满意度指标居高不
下，但是这些公司的服务和体验问题却层出不穷。在这种情况下，单纯提升客
户满意度指标本身已经失去了运营服务水平监控和促进管理提升的意义，用这
样的指标来衡量客户体验水平没有实际的指导意义，更不用说用来推进精细化
的管理水平优化和运营能力提升了。

NPS 净推荐值

NPS（Net Promoter Score，净推荐值）是贝恩咨询的 Fred Reichheld 于 2003

年提出的一个指数。通过向客户询问一个终极问题："你是否愿意向朋友推荐某个产品或服务？"按照回答的评分划分出推荐者、中立者和贬损者。净推荐值等于推荐者所占的百分比减去贬损者所占的百分比，如图 8-9 所示。

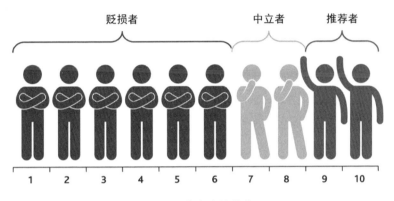

图 8-9　客户净推荐值

净推荐值是一个衡量客户满意度的指标，还能够从一定程度上反映客户对公司的忠诚度。净推荐值越高，意味着有越多的客户愿意推荐你的产品和服务，也意味着在客户的内心对你的产品认可程度更高。

数字化时代的连接和接触更加多样化，客户体验场景也不断丰富，影响客户体验的因素增多，对数字化客户体验的衡量也变得越来越复杂。你可以采取两种方式衡量体验的水平，一是衡量体验的质量，二是衡量客户忠诚度。

体验的质量

体验的质量是客户对于客户体验生命周期旅程的全过程的综合质量感知。一般来说，体验的质量涉及以下 5 个基本方面：

- 成功。体验的最终结果是否达成了客户预期的目标。
- 价值感。通过体验过程是否向客户传递了真正的价值。

- 便捷度。客户是否可以简单、轻松地从体验中获得价值。
- 情感。客户对体验的关键过程和整体感受是否满意。
- 忠诚。客户是否愿意继续购买或推荐他人购买你的产品和服务。

不同行业、产品和服务的体验特质不尽相同，不同的客户对于体验的质量要求也有所不同。你需要结合提供的产品和服务的特征，基于客户生命周期旅程识别可能影响客户体验的因素，总结和提炼能够代表你的体验因素和质量特性，对这些影响客户体验的关键因素和质量特性进行测量。

客户忠诚度

客户忠诚是客户以实际行动表示对你的产品和服务的喜爱或拥护，这些行动可以是现有产品的持续使用、再次购买你的产品、购买你的其他产品、向他人推荐你的产品和服务、维护你的产品声誉等。如果你自我感觉向客户传递了不错的体验，而你的客户却对你的竞争对手表现出忠诚的行动，就一定有哪些地方出了问题。

我们在下一章探讨客户忠诚的话题。

第
9
章

忠诚：赢得客户的信任

- 忠诚客户的特征
- 不受关注的客户选择离开
- 相似的客户，不同的贡献
- 倍受欢迎的星享俱乐部
- 忠诚计划的作用
- 忠诚计划的四个价值目标
- 忠诚计划的三个驱动因素
- 忠诚计划发展的三个阶段
- 数字化忠诚计划的特征
- 忠诚计划带给客户的三个关键感知
- 衡量忠诚计划运营成功的五个方面

"忠诚是一个持续的旅程。"

——笔者

忠诚客户的特征

忠诚的客户是那些经常光顾你的网站，重复购买你的产品和服务，愿意向他人推荐你的服务的人。最忠诚的客户喜爱你提供的产品和服务，有可能购买更多，他们对价格不那么敏感，在和你接触的过程体验中建立了持续的好感，他们中的70%愿意谈论你的业务。

忠诚的客户具有这样一些特征：

- 贡献收入。
- 重复购买你的产品。
- 努力赞美你。
- 主动向朋友推荐你。
- 对价格不那么敏感。
- 主动告诉你真实的感受。
- 如果这是你的公司文化，他们会很愿意成为你终生的顾客。

在数字化时代，忠诚的客户还会表现出这些行为：

- 经常访问你的网站。
- 对你的新产品表现出关注。
- 关注你的公众号。

■ 为你的新进展点赞。

■ 在朋友圈里赞美你。

■ 愿意在社交网络里谈论你的业务。

■ 在社交网络上分享你做到的成绩。

他们忠诚是因为认为你的服务是超值的，至少从你提供的产品和服务中获得的价值对得起他们付出的价格。除此以外，他们也会认为你的服务卓越超群，无论从你那里购买的产品或服务出现什么问题，你在处理可能遇到的问题时，都会超越他们的体验期望。

这意味着你既可以采取低价格带来的实惠，又可以通过高价格创造的增值来赢得客户的忠诚，重要的是，你提供的服务和体验的价值能够超越价格，至少要能做到与价格等同。与获取转化新客户不同，是价值而不是价格决定了客户关系的可持续性。消费者会因为价格吸引而购买成为你的顾客，也会因为获得价值而留下成为你的忠诚客户。

忠诚是消费者对公司的终极奖励。无论你经营一家商业公司、一个服务组织还是一间咖啡厅，持续提供超越平均水平的产品和服务，知道如何彻底解决客户遇到的问题，在市场上的表现优于竞争对手，只要你在经营上做到这些，客户就会不断重复地回来，他们的忠诚就是对你做到这些的终极奖励。

客户忠诚度是客户不会离开的可能性。客户忠诚并不等同于客户满意，你也许赢得了 95% 的客户满意度，但在忠诚度上可能还相差很远。

不受关注的客户选择离开

从第 8 章中我们知道，体验以人为本。体验并不只是与多快响应客户的来电、营业时间的长短等这些可以量化的运营表现有关，研究表明，超过 50% 的客户体验来自于客户感知形成的情感意识。这意味着客户体验在更大程度上决定于客户对于他们所经历的体验形成的有意识和潜意识的感知。

客户的体验感知会影响他们的忠诚。洛克菲勒公司（Rockefeller Corporation）在一项针对客户为什么不再与公司打交道的原因研究显示，客户离开的原因分布如图 9-1 所示。

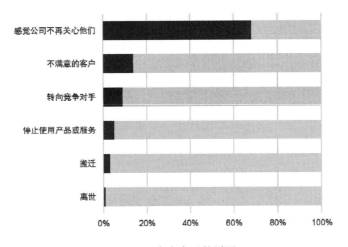

图 9-1　客户离开的原因

- 68% 感觉公司不再关心他们。
- 14% 不满意的客户。
- 9% 转向竞争对手。

- ■ 5% 停止使用产品或服务。
- ■ 3% 搬迁。
- ■ 1% 离世。

研究结果表明，68%的客户离开是因为觉得公司根本不在乎他们，14%的客户曾经遭遇了不满。换句话说，82%的客户不再与公司保持交易关系的原因要么是在接触上感觉到了冷漠，要么是遭遇了不满。

哈里斯互动公司（Harris Interactive）发起的一项关于客户体验影响的研究也揭示了相近的结论：

- ■ 86%的客户在经历了糟糕的体验之后选择离开。
- ■ 他们中的 79%感到被他们心目中的公司所忽视。
- ■ 他们中的 26%会在社交媒体上发表负面评价。
- ■ 89%的客户在经历糟糕体验之后会考虑转向竞争对手。
- ■ 排在客户推荐原因首位的是因为提供了出众的服务。

从这些研究可以看出，要想赢得更长久的客户关系，仅仅在购买时提供优惠是远远不够的，必须要让客户持续感觉到被关注。要做到这一点有两个显而易见的行动方式，一是全面理解你的客户的行动，二是依客户的反馈来行动。忠诚计划就是为了实现这一目标应运而生的。

相似的客户，不同的贡献

忠诚客户对组织的运营收入和盈利能力的影响远远超出了他们在客户数量上的占比。位于美国波士顿的营销研究机构 MarketingProfs 在 2013 年的一篇报告表明，忠诚的客户数量大约占到整体客户数量的 20%左右，他们的活跃度大约是平均水平的 10 倍，创造了 80%的运营收入，带来了 72%的业务访问量。

忠诚计划能够影响客户的到访。对于不同的零售业态来说，忠诚计划能够影响基至 84%的访问量，图 9-2 所示。

- 咖啡连锁 84%
- 大众餐馆 72%
- 精品正餐 70%
- 甜品店 64%
- 零售店 56%

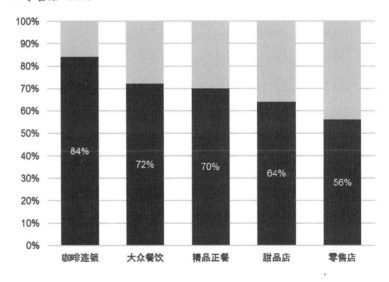

图 9-2 忠诚计划对客户到访的影响

在可以选择的情况下，有多达 84%的消费者会因为忠诚计划的影响而选择去哪一家咖啡店消费，有 56%的消费者会受忠诚计划的影响而选择去哪一家零售店购物。

倍受欢迎的星享俱乐部

忠诚计划能够帮助品牌变得强大。忠诚计划并非孤立存在，它与你的品牌定位、产品策略、服务设计和运营管理有着密切的关系。一项好的忠诚计划应该能够符合你的品牌定位，促进你的产品策略，优化你的服务设计和运营绩效。

星巴克以体验著称于零售服务业。星巴克的忠诚计划需要超越体验。当星巴克准备构建忠诚计划时，CEO 霍华德·舒尔茨首先要确定的是忠诚计划是否能与星巴克的三个核心基石保持一致：卓越的环境、在全球所有店面质量如一的咖啡和食物、始终如一的体验。

星巴克的目标并不只是想着如何销售咖啡，它想构建一个人们喜欢的"第三空间"，希望人们在家和工作之余愿意花更多的时间光顾星巴克。出于这样的目标，星巴克希望忠诚计划能够促进人们更频繁地来到店里，更紧密地与星巴克的品牌进行互动。通过成为会员，顾客能够得到更多关心的利益，比如个性化的选择、时不时地给出贴心折扣、更快速地拿到饮品等。在这样的设计理念下，星享卡一经推出就倍受欢迎。第一张星享卡于 2001 年 11 月推出，在接下来的 8 个月里就有 400 万张星享卡被激活。

星巴克的星享俱乐部会员计划有这样 5 个特点：

- **卡片显得很酷**。星巴克制作了数百种礼品卡，每一张卡片的设计都很特别。当你成为会员并积累星星达到金星级别后，星巴克会专门寄给你一张印有你名字的金卡，对于那些喜欢自己绰号的顾客，也可以得到个性化的满足。星享俱乐部会员奖励计划如图 9-3 所示。

图 9-3　星享俱乐部会员奖励计划（MyStarbucksRewards）

- **卡片关联支付**。与其他会员卡不同，星巴克会员通常从礼品卡开始，还需要用户到星巴克网站进行激活。通过这种方式，会员就与星巴克建立了数字化连接。会员也可以给星享卡充值，这样以后只需要拿一张星享卡就可以了，不再需要拿出银行卡或现金。更为重要的是，星巴克礼品卡成为会员发展的门户可以一直带来新的会员用户。人们可以用手机应用绑定星享卡，这样在支付时会更加简便快捷。

- **奖励简单易懂**。许多忠诚计划失败的原因是奖励计划太过复杂，一不小心就容易把事情搞错。星巴克的奖励规则非常简单，奖励力度显得很慷慨，也容易兑现。星巴克一直努力去掉忠诚计划的阻碍因素，只保留那些能带来正面体验的利益、奖励和服务内容。

- **持续营造惊喜**。星巴克赋予金卡会员更多可感知的利益，如免费续杯、免费糖浆、定期的免费饮品等。星巴克还设计了许多能够营造惊喜的体验，比如随机的免单等。会员能感觉到星巴克的奖励计划不是一成不变的，而是在不断地学习和完善，这让会员感觉到他们受到了持续的关注。

- **领先的数字化**。星巴克不断提升忠诚计划的数字化程度，不满足于跟上数字化的潮流，而是致力于成为数字化技术应用的引领者。星巴克率先应用移动支付技术提升店面的购买体验，还利用星享卡研究客户行为、饮品偏好和社交状态，通过星享卡传递让会员感到特别的体验。

星巴克通过星享俱乐部会员计划带来了更丰富的利益和体验，吸引了星享卡会员的持续光顾，星享卡甚至成为历史上最流行的礼品之一。借助星享卡，星巴克不断强化品牌定位和卓越的产品体验，应用最新的数字化技术和移动支付技术投资经营会员在线社区，让会员们更喜欢星巴克品牌，关注星巴克的一举一动。星巴克利用星享卡了解客户，更准确地预测会员的行为，向会员送出刚好符合每一个人最爱的饮品促销。

忠诚计划的魔力在于当消费者感觉得到了好处的时候，忠诚计划的提供方得到了真正的收益。这些收益不只是财务上的，还包括信息上所获得的增益。正是由于这样的信息增益，许多公司比客户还了解他们自己。

忠诚计划的作用

忠诚计划是企业和组织为了促进长期经营目标的实现鼓励客户持续购买和长期互动而构建的一系列市场营销策略和服务计划。忠诚计划在实际商业实践中有多种不同的形式，包括独立的积分计划、会员特权和服务、专门的会员品牌、综合型客户俱乐部、合作伙伴忠诚计划、联盟共享忠诚计划等。忠诚计划既可以是面向个人消费者设计的 B2C 计划，也可以是面向企业组织设计的 B2B 计划。

Colloquy 公司的一项研究数据显示，92%的美国消费者在 2015 年至少加入了一个忠诚计划，美国消费者平均加入了 9.3 个忠诚计划，如果以家庭为单位，平均每一个美国家庭加入了 29 个忠诚计划。在中国，忠诚计划也成为商业经营上越来越热的话题，许多商业机构和非营利组织都在着手建设和运营自己的忠诚计划。

　　企业希望通过忠诚计划的运营发展更多的目标会员，促进产品消费的提升和经营绩效的改善，他们也希望以会员制运营与客户建立更有效的沟通，向客户传递差异化体验，改善客户管理的绩效，持续提升客户忠诚度和价值贡献。

　　忠诚计划运营的目的是建立对顾客的购买或参与行为的价值认可，以适合的机制或活动持续刺激客户的忠诚行为，通过适当的形式测量忠诚行为的变化和累积价值，应用奖励机制激励他们，从而在未来获得更多价值。

　　如图 9-4 所示，忠诚计划具有这样一些作用：

图 9-4　忠诚计划的主要作用

- 增进客户关系。给客户带来荣耀感，增进客户关系的强度。
- 提供加入理由。提供一个能吸引客户加入的合适理由。
- 客户感谢行动。对客户的购买表示感谢，而非全无表示。
- 收集新数据。收集交易和行为数据，建立客户洞察基础。
- 促进行为修正。通过忠诚计划对客户的行为进行引导。

- 吸引新客户。对新客户形成吸引力的市场营销工具。
- 市场差异化。在市场上形成营销和服务的差异化。
- 建立客户互动。通过客户连接发起互动，增进对客户的理解。
- 保留老客户。建立客户流失门槛，促进更长的客户生命周期。
- 增加购买金额。激励客户增加购买量，或者购买不同的产品。
- 增加购买频率。提升客户的活跃度，增加客户购买的频率。
- 促进客户升级。刺激和引导客户升级为更高级别的会员。

忠诚计划有多种奖励形式。积分由于累积效应和投资递延的特征，是忠诚奖励计划最常见的形态。除积分以外，忠诚奖励计划还可以通过向会员客户提供更优质的软性服务权益、专供会员的产品和服务或者在会员后续购买时提供直接的硬性折扣优惠等方式激励客户的忠诚行为。

越来越多的商业实践证明，忠诚计划在影响客户购买决策方面的效用显著。已经有研究表明，84%的消费者愿意选择向提供忠诚奖励计划的商家购买，其中 78%的消费者会为了积累奖励积分而有策略地进行购买，这样的效应和对这样的效应的预期带动了企业投资建设的忠诚计划数量的持续增长。

忠诚计划的四个价值目标

忠诚计划的目标是赢得客户未来的可持续价值。忠诚计划的设计是为了在经营上达到以下 4 个基本价值目标。

- 发展更多会员。建立客户基础是忠诚计划的首要目标，并且在此基础上吸引和发展更多符合经营目标的会员加入。忠诚计划的会员发展可以是开放式的，也可以是封闭式的。开放式会员计划覆盖所有的产品和服务的消费者，只要顾客购买或注册就可以直接成为会员；封闭式会员计划有一定的加入门槛要求，顾客往往需要达到一定的购买量或者满足特定的条件才能成为正式会员。

- 提升会员价值。忠诚计划的第二个价值目标是促进和拉动会员客户的购买。为此，企业往往会对忠诚计划的会员进行分级，规定不同会员级别需要达到的条件要求，设定不同级别的会员相应获得的权益和能够享受到的服务。忠诚计划通过会员分级的方式实现会员服务和奖励的差异化，促进会员为了获得更多忠诚计划提供的服务利益而追求成为更高级别的会员，这一过程当然也能让企业获得更多的价值。

- 促进持续消费。忠诚计划的第三个价值目标是保持会员的活跃。忠诚计划一般都会设计一些奖励机制，如通过积分奖励客户在一段时间内的购买行为、发起限时奖励促进会员的主动购买行为等。同时，忠诚计划也会设置保持会员级别的规则要求，明确会员在约定的时间间隔里必须达到的消费条件。这些做法不仅是为了保持忠诚计划里的会员消费活力，也是为了让忠诚计划持续保持吸引力。

- 储存未来价值。忠诚计划的第四个价值目标是赢得客户的发展。不同类型的客户会有不同的产品或服务需求，他们的需求也会随着时间的推移而变化。企业通过积分计划这类的延期奖励机制建立起面向未来可以储存的价值，通过累积的积分价值兑换满足客户多样性的需求，同时也能通过积分的累积建立起一定的客户流失壁垒。储存未来价值的过程也在不断积累可持续发展的客户基础。

理解忠诚计划的价值有助于明确忠诚计划的设计和运营方向。此外，你还需要理解和运用驱动忠诚计划的关键因素，建立促进忠诚关系的客户互动，从而实现忠诚计划的有效运营。

忠诚计划的三个驱动因素

在忠诚计划的商业化应用中，有三个最基本的驱动因素：奖励、数据和互动。

■ 奖励。人们加入忠诚计划总是受某些因素的影响，总是想得到些什么。向会员提供适合的奖励是吸引人们愿意主动加入忠诚计划的动力所在。奖励的方式可以有多种形式，可以是直接的会员折扣、独特的会员权益或丰富的增值服务，也可以向会员提供一个积分计划，让客户通过累积积分来兑换他们心仪的奖励品。

■ 数据。忠诚计划借助数据可以让运营更具针对性。企业依托忠诚计划获得更全面的客户信息和更丰富的客户行为，建立有效支撑忠诚计划运营的管理信息系统，实现对会员信息、交易历史、接触行为、积分累积和奖励兑换等的管理。基于对这些数据的分析获得的客户洞察能够加深对客户的理解和改进忠诚计划的运营。

■ 互动。忠诚计划依赖有价值的客户互动实现发展。互联网技术发展带来了更多的数字化接触点，增加了客户与企业互动的机会和频率。企业在忠诚计划的运营过程中可以向适合的客户推荐现有的产品或服务，通过富有经济价值的互动增加客户的增值体验感知，通过富有情感关怀的互动增加客户的忠诚关系依赖。

忠诚计划并不是一成不变的，而是需要根据客户期望的需求、管理模式和互动技术的发展，结合企业竞争的环境变化不断优化。接下来，我们来看忠诚计划的发展历程如何受这三个因素的影响。

忠诚计划发展的三个阶段

自从商业交易出现，商家刺激客户购买忠诚行为的方式就出现了。只是在缺乏技术实现手段的情况下，主要以简单的折扣刺激和直接的情感关怀为主。

在 20 世纪 70 年代，市场营销体系逐渐完善，商家为了销售更多的产品和服务，开始采取多种大规模促销手段来刺激顾客的购买。这些促销计划大多停留在产品营销的层次，还没有形成较为体系化的客户忠诚计划。

从 20 世纪 80 年代起，信息技术的发展促进了客户识别、数据处理和交互能力的不断提升，忠诚计划的发展跨越了三个基本的阶段，如图 9-5 所示。

图 9-5　忠诚计划发展的三个阶段

- 忠诚计划 1.0 时代：奖励驱动的常客忠诚。
- 忠诚计划 2.0 时代：数据驱动的关系型忠诚。
- 忠诚计划 3.0 时代：互动驱动的数字化忠诚。

忠诚计划 1.0 时代：奖励驱动的忠诚计划

第一代忠诚计划：奖励驱动的常客忠诚（1980～1995）

现代管理意义上的商业忠诚计划始于 20 世纪 80 年代初期的航空业竞争。

全球第一家商业忠诚计划可以追溯到美国德州国际航空在 1979 年推出的一项会员忠诚计划，但是最具影响力的还是美国航空公司随后推出的 AAdvantage 卓越常旅客会员计划，如图 9-6 所示。

图 9-6   美国航空公司 AAdvantage 会员计划

美国航空公司 AAdvantage 会员计划

美国航空是全球领先的洲际航空公司，也是国际航空运输业的服务创新先锋。早在 1978 年，美国出台航空公司取消管制法案后，针对重复乘机的高贡献旅客的竞争就开始加剧，美洲航空率先推出了一项特别的忠诚运价，向头等舱乘客的随行人员提供免费的升舱。1980 年，美国航空推出了全球第一条 800 电话订座热线，以统一服务号码的电话中心向乘客提供机票预订和电话确认服务。这项服务推出后非常受欢迎，很快就陷入了优质服务陷阱。优质服务陷阱是指一些受到顾客欢迎的服务因为资源和服务能力的限制而无法满足顾客需求，从而导致不断增加的服务请求不能及时被响应的问题。那时的呼叫中心技术尚不成熟，美国航空的电话中心座席资源也有限，这些限制阻碍了在短时间内提高业务受理能力的可能，随之而来收到了大量投诉，投诉的声音中不乏其他行业的重要人士。这引起了美国航空管理层的重视，他们认为有必要将最重要的经常乘坐美国航空的常旅客预先识别出来，以便向这些重要的乘客提供优先的服务。

1981 年 5 月 1 日，美国航空正式推出了 AAdvantage 会员忠诚奖励计划。首批会员从美国航空公司 SABRE 计算机预订系统里搜索最常用的电话号码进行筛选，13 万常旅客和 6 万名美国航空 Admirals 俱乐部的会员成为 AAdvantage

会员计划首批预先注册的会员。美国航空公司向这批挑选出来的首批会员主动邮寄了会员卡。加入 AAdvantage 会员计划的乘客的乘机记录可以积累里程，里程可以兑换免费机票等各种奖励，更高等级的精英会员还可以享受优先值机、额外的免费托运行李、免费使用休息室等超值礼遇，以及持续不断增加的各种旅行礼遇和增值服务。

美国航空率先推出面向常旅客的会员忠诚计划带来了极佳的客户响应率，引发其他洲际航空公司迅速跟进，几年间从经营欧美航线的洲际航空公司迅速遍及全球所有的主要航空公司，常客忠诚会员计划现在已经是航空公司经营的标准配置。

经过 35 年的发展和完善，美国航空 AAdvantage 会员计划的服务礼遇和奖励内容变得非常丰富，会员可以搭乘美国航空及寰宇一家联盟旗下航空公司的航班前往世界近 1000 个目的地旅行，赢取的里程不仅可以兑换免费机票旅行，还可以兑换舱位升级、汽车租赁和酒店住宿等多种服务利益和会员专享的礼遇，还可以在会员网站兑换多种电子产品和零售商品。

美国航空 AAdvantage 会员计划是航空业乃至世界忠诚计划发展史上最重要也是最成功的忠诚奖励计划之一，拥有超过 7000 万名会员。由于会员支付的平均运价高于平均水平，因此会员为美国航空带来的运营收入超过了 50%，贡献了接近 80%的运营利润。

在航空业的带动下，连锁酒店、汽车租赁、度假旅行等出行相关行业纷纷效仿航空公司的做法，成立了自己的会员忠诚计划。

奖励驱动的常客忠诚计划的主要特征

第一代忠诚计划的核心定位是识别忠诚客户并提供基于奖励的差别化服务，以这种转移支付的方式避免他们因无差别化的产品价格吸引而转到竞争对手那里。就像美洲航空面向飞行常客的奖励计划那样，最初的目的是识别出最有价值的高贡献客户，主动向他们提供积分奖励和差异化的会员服务礼遇，避免他们受价格影响而转到竞争对手那里。

奖励驱动的忠诚计划具有这样 5 个主要特征：

- 以积分作为主要的激励形式。积分奖励计划是第一代忠诚计划最常见的可感知的形态，积分计划的目的是让高贡献客户获得更多的回报和更强的价值认同感，通过向会员发放奖励积分的方式鼓励客户消费更多，同时将积分作为衡量会员贡献的量化营销工具来使用。

- 以会员卡作为身份识别标志。奖励型忠诚计划的典型形式是向客户提供一张会员卡，这张会员卡能够承载会员身份识别、会员级别、积分累积等功能。在 20 世纪数据还没有实现网络互联的信息化时代，在地理上分散运营的组织能够基于会员卡的识别机制实现面向忠诚客户的连续性服务。

- 以被动服务为主的限制型模式。奖励驱动的忠诚会员计划大多采用服务驱动的被动式客户管理模式。通常客户需要主动申请才能获得会员资格，只有成为会员才能享受会员优惠、积分累积和服务礼遇。由于服务资源的相对稀缺性，通常提供基于会员级别分级的差别化服务，非会员的标准化服务仍然停留在行业的平均水平，非会员的产品和服务仍然面临典型的以价格为主要手段的市场竞争。

- 对高昂的积分成本进行控制。由于积分计划是以提供会员增值利益的转移支付的方式建立忠诚壁垒的，因此积分计划会产生高昂的运营成本。出于控制积分成本的考虑，有时忠诚计划的设计者并不希望所有的积分都被兑换掉，他们会在积分规则中设置诸如积分兑换门槛、积分有效期之类的限制，从而控制积分成本投入。对于贡献度较低的客户群来说，他们累积的积分通常难以达到最低兑换门槛，这些积分在到期前兑换不掉，或者因为积分数量较少，即使兑换掉了也没有什么吸引力，增加积分沉淀、积分限期失效和降低兑换价值是控制积分成本最主要的方式。

■ 以限制型忠诚计划为主要特征。由于信息技术支撑手段的不足，以及为了控制忠诚计划的运营成本，最初的忠诚计划大多采取限制型的模式，即只有满足一定条件的客户才可以申请加入积分计划。随着技术进步和管理模式优化带来的运营效率的提升和运营成本的下降，忠诚计划的目标会员客户群定位开始逐渐下沉，最终发展成为开放型忠诚计划，所有人都可以自由申请加入。

忠诚计划 2.0 时代：数据驱动的忠诚计划

第二代忠诚计划：数据驱动的主动关系型忠诚（1990～2005）

20 世纪 90 年代，随着数据库技术的成熟和客户关系管理系统的应用，基于数据收集和数据应用的关系营销成为可能。忠诚营销从此进入了数据驱动的发展阶段，数据逐渐成为商业的核心资源。

越来越多的企业需要主动管理客户关系。企业意识到与客户建立基于关系的互动不再是一种选择，而是竞争的需要。更进一步的关键问题是：应该设定什么样的关系营销目标？应该如何建立和保持客户互动？

乐购会员俱乐部：为顾客创造价值，赢得他们终生的信任

1995 年以前，乐购（Tesco）还是一家英国本土的食品零售商，市场份额只占英国连锁零售市场的 16% 左右，比当时领头羊 Sainsbury 的 21% 的市场份额低 5 个百分点。

忠诚计划成为改变乐购市场竞争地位、实现市场超越的战略性决策。经过在 14 个店面的测试后，乐购于 1995 年 2 月推出了乐购俱乐部会员卡（见图

9-7），第一年就发展了近 500 万会员，当年就实现了市场逆转，一举超越 Sainsbury 成为英国零售市场份额的领先者，从而奠定了在英国零售市场的领先地位。乐购俱乐部会员卡推出两年后，俱乐部会员贡献的销售额达到了 80%，现金券和优惠券的兑换率也由推出俱乐部会员卡之前的 3% 猛增至 70%。

图 9-7　乐购俱乐部会员卡

乐购的忠诚计划是以会员卡为载体的俱乐部会员模式。乐购并没有简单地将这张卡局限于一张可以积分的会员卡，乐购希望通过会员卡为纽带建立起与顾客长久的关系，持续向客户传递价值，赢得他们终生的信任。

乐购没有独立完成这一使命，他们知道寻求更专业的机构来提供帮助。Dunnhumby 创立于 1989 年，是一家专业从事客户洞察研究和数据库营销的咨询公司。1994 年，乐购找到 Dunnhumby，希望他们帮助乐购全面了解顾客的行为，了解顾客实际购买了什么商品，以及愿意购买什么商品。Dunnhumby 公司的专业人员对乐购俱乐部会员的信息进行了系统地整理和分析，全面了解了每个会员的购物习惯，以及他们对店内商品的反馈情况。从一开始，Dunnhumby 就没有把乐购俱乐部会员卡看作是一个营销推广活动，而是把它当成一种了解顾客如何购物、了解他们希望持续获得什么价值的战略思考，Dunnhumby 将俱乐部会员购买信息转换为对会员顾客的深刻洞察。

在 Dunnhumby 的帮助下，乐购能够全面地了解顾客的需求，清楚地知道顾客的行为特征，并把顾客的行为转换为态度和认知。比如这个会员是价格敏感型还是品牌忠诚型等等，乐购应用掌握的这些客户知识帮助旗下的连锁门店专门针对不同的客户群体设计更有针对性的营销方案。1996 年，乐购实现了对价格敏感客户群的识别，同年推出了针对价格敏感客户群的价格策略；1997 年，乐购识别俱乐部会员的需求与实际购物篮的差距，设计了更有针对性的促销策略；2001 年，实现了对俱乐部会员的生活方式细分。

乐购俱乐部会员忠诚计划的成功让乐购从一家原先只提供食品和日用品的零售商成功转型为一个关心顾客日常生活方面面的综合服务提供商。乐购提供的服务从食品和日用品零售逐渐渗透到服装、书籍、音乐的零售，以及金融服务、通信服务、网上购物等人们生活方方面面的服务。如今已有超过 70％的乐购顾客在使用乐购的俱乐部会员卡。

目前，乐购是英国领先的连锁零售商，也是全球三大零售商之一，全球拥有 7800 多家店面，在 13 个国家和地区开展业务。TESCO 集团不仅经营零售业务，还涉足金融、电信、加油站和医药等多个产业领域。

数据驱动的忠诚计划的主要特征

从乐购俱乐部的出现和发展可以看出，这一代忠诚计划的核心是基于数据驱动的客户关系经营，目的是通过会员忠诚计划与客户建立更长久的关系，并在这一过程中通过持续的营销沟通来研究和影响客户的交易行为，不断延伸产品线并向客户提供更为全面的服务，从而提升客户的生命周期贡献。这类客户忠诚计划具有以下特征：

- 客户关系管理系统。客户关系管理系统是数据驱动型忠诚计划的核心支撑，对客户关系期间的交易行为和服务交互进行记录和数据化，并且基于这些数据建立起相应的数据分析模型来识别客户群的行为、价值和需求，并对客户群的价值和风险进行评估，基于这些数据洞察建立起对客户群的全面理解，发起适合的营销活动。

- 主动积累交易数据。企业通过忠诚计划建立与客户更紧密的关系，同时收集更多的数据和信息，基于对数据的理解和分析更好地了解客户，形成数据洞察驱动客户关系的主动式客户管理。数据驱动的忠诚计划有了明显的学习型特征，对数据的管理和应用成为忠诚计划成功与否的关键能力。虽然有关系型数据库软件和数据统计分析工具的支撑，但是数据的可用性和丰富度的不足依然是困扰大多数忠诚计划发展的重要因素。

- 主动发起营销沟通。企业为了建立更多有价值的客户连接和积累更丰富的交易行为数据，往往主动吸引目标客户加入忠诚计划。在这一目标驱动下，忠诚奖励的规则变得越来越直接，利用积分吸引来策划主动营销活动，依赖数据管理技术的支撑来发起数据库营销。

- 客户交互连接能力。随着互联网技术的应用，越来越多的企业向客户开放会员系统的登录权限，允许客户基于互联网进行查询和更新信息，这样的转变使得客户可以参与到忠诚行为数据的积累和维护中，客户数据的采集难度和成本逐渐降低。

- 衡量客户钱包份额。忠诚计划的运营目标不仅能够维系会员的忠诚，还成为拉动产品销售的驱动力，驱动更多的会员购买，忠诚计划成为公司的利润中心。主要的指标是追求更高的钱包份额，衡量在忠诚计划的作用下会员是否购买了更多产品。

- 联盟忠诚计划的出现。随着客户数据洞察的应用，忠诚计划的运营者发现仅靠自身的力量不足以满足会员客户的服务需求，只有提供更为丰富的利益选择才能更好地满足会员对于服务的需求，整合多种产品和服务利益的联盟型忠诚计划开始出现。

忠诚计划 3.0 时代：互动驱动的忠诚计划

第三代忠诚计划：互动驱动的数字化忠诚（2005~2020）

随着社交网络和移动智能应用的发展，我们加速进入了移动互联时代，数据变得如同自来水一样容易获得。数字化带来数据的迅速丰富，数据量以指数级的速度增长，同时平均数据质量有所下降。忠诚计划的重心已经不再是获取数据，而是如何提升数据质量并应用数据洞察来支持更有效的决策。

互动驱动的忠诚计划目标是在与客户建立持续连接的基础上，与客户保持更持久的服务关系，向客户提供更丰富的利益。基于连接关系建立起的卓越体验成为数字化客户忠诚计划成功至关重要的要素。忠诚计划也形成以会员账户为基础，基于会员账户提供数字化内容服务和付费订阅服务的模式。

连接客户的互联网服务平台是数字化时代的产物。忠诚计划的发展也受到了平台化的影响，以往需要通过联盟才能形成连接庞大客户网络和服务资源的平台，像亚马逊、京东这样的大型互联网公司就可以形成一个集海量客户和丰富资源于一身的平台。

亚马逊 Prime 会员服务计划

亚马逊是数字化时代的客户管理大师，不仅应用领先的数字技术提供卓越的用户购物体验，在会员忠诚计划上也走在了时代的前列。

Prime 是亚马逊于 2005 年在北美推出的一项高级会员服务，区别于其他免费的忠诚会员计划，Prime 会员服务要求用户支付 79 美元的年费，享受为期一年的不限次数的两日免费送达服务，如图 9-8 所示。2011 年增加了可免费借阅海量图书，以及视频、音乐等数字内容服务。2014 年 3 月，亚马逊将 Prime 会员服务价格从每年 79 年美金提高到了 99 美金。

图 9-8 亚马逊的 Prime 会员计划

十几年来，Prime 服务的利益一直在不断丰富，逐渐发展成一项全面的会员忠诚计划。现在这项极富数字化时代特征的会员计划包括多种优惠组合。

与亚马逊的普通注册用户相比，Prime 会员享受的服务利益有：

- 免费两日内送达服务。
- 观看无限量的影片和电视。
- 超过两百万首歌曲的无限量的音乐流服务。
- 免费无限量的照片存储。
- 超过 80 万的免费电子书。
- 每月获得免费的游戏内容。
- 仅限会员专享的电子优惠券。
- 可提前 30 分钟接入特惠秒杀。

在精心经营了 10 年之后，Prime 服务为亚马逊的增长带来了强劲动力，这项专为高贡献、高忠诚客户设计的会员计划被证明给亚马逊带来了巨大的收益，也为亚马逊一直以来保持持续增长的发展预期带来了无限的想象空间。

2015 年 1 月 30 日，亚马逊 CEO 杰夫·贝索斯宣布其全球 Prime 会员数量在 2014 年激增了 53%，美国 Prime 会员增长也达到了 50%，如此强劲的增长意味着 Prime 服务价格的调整几乎没有对 Prime 会员数量的增长带来什么影响，这一消息带动亚马逊的股价创下一年以来的新高。2015 年，Prime 用户增长超过了 43%，预计全球范围的 Prime 用户已经接近 8000 万。

Prime 针对不同的客户群体提供额外的利益。对于妈妈们，额外提供尿片类产品 20%的优惠。为了更好地锁定妈妈的群体，鼓励准妈妈们注册新生儿，对于合格的注册者提供 15%的额外折扣，订购的商品在预产期前的 30 天内送达。对于学生群体，提供长达 6 个月的免费试用期，而且只需正常价格的一半即可享受 Prime 会员服务。

亚马逊将体验技术运用到用户忠诚管理中，提供一个月的免费试用期，如果觉得不合适，用户可以在一个月内随时取消。亚马逊通过数字技术收集和研究试用过程中的用户行为和产品选择偏好，结合用户试用期内取消的原因优化后续的互动过程，以提供更好的会员体验，提高试用用户的后续转化率。

Prime 会员的利益并非一成不变，而是不断更新，以满足客户的需求。2014 年，亚马逊推出无限量免费照片存储的新服务，以适应照片分享的用户需求，同时也是为了应对来自照片分享服务商的潜在竞争。

亚马逊的市场价值增长受益于 Prime 会员忠诚计划的成功。Prime 服务对用户的黏性非常大。由于 Prime 会员用户支付了 99 美元年费才得到这些富有价值吸引力的服务，这些用户在下次购物时会首先想到 Prime 服务，因此 Prime 会员对亚马逊的忠诚度越来越高，消费贡献也明显高于普通用户。研究表明，在购买同样的商品时，只有不到 1%的 Prime 会员会考虑到亚马逊的竞争对手那里购买。美国市场研究公司 CIRP 在 2015 年的一项研究显示，亚马逊 Prime 会员的年平均消费达到 1500 美金，相比之下，非会员的平均年消费只有 625 美金。

亚马逊专门针对 Prime 会员推出了会员购物日（Prime Day），在 2016 年再次取得成功，不仅吸引了更多的 Prime 新会员加入，在美国的销售额还较 2015 年的会员购物日提升了超过 50%，其中平均每周都会在亚马逊购物的重度用户贡献了会员购物日销售额的 56%。

数字化忠诚计划的特征

进入数字化时代，忠诚计划成为企业和组织的市场营销战略和客户管理决策的核心。由于客户逐渐成为战略的核心，因此忠诚计划的重要性也与日俱增，成为维系客户和创造利润增长的重要驱动因素之一。

数字化忠诚计划具有这样 9 个显著特征：

- 识别注册化。提供数字化服务的企业业务经营开始于用户注册，完成会员注册才能交易和互动。数字化时代的商业服务和客户营销始于以会员身份识别为基础的模式，比如你想在淘宝网站购物，首先需要在网站填写相关的信息，注册成功后得到一个有效的会员账户，然后才能基于这个会员账户开始购物体验过程。

- 内容数字化。不仅服务内容在数据化，忠诚计划的运营也在数字化。客户不再需要使用会员卡来识别身份，注册信息本身就带表了身份。忠诚计划开始了无卡化的数字化进程，逐渐成为一项可以附加在会员身份识别基础上的服务。这也为对外合作和联盟提供了便利和更多可能。数字化时代的内容服务不再是免费的，如同亚马逊 Prime 会员计划那样，付费服务让会员服务的品质更有保障。

- 服务订阅化。服务内容的数字化带来服务订阅的可能和快速增长。就像亚马逊 Prime 会员计划提供了海量的视频和音乐内容服务，丰富的海量内容为订阅式服务提供了更多的吸引力，而且这些消费过程能够帮助亚马逊建立更全面的客户理解。

- 参与体验化。数字化忠诚计划没有停留在奖励兑换的层面，而是通过服务内容的数字化形成了面向服务内容的互动式沟通。会员更加注重忠诚计划的体验，他们希望有更多参与感，可以随时选择加入，也可以随时选择停止服务计划。

- 记录自助化。与以往忠诚计划的数据和信息大多由企业人员录入不同，数字化忠诚计划的大量信息是由客户以自助的方式录入的。会员可以随时在线查询会员状态，并对会员信息资料进行维护和更新。

- 服务自动化。以前的忠诚计划多是被动服务，由客户发起服务请求，数字化忠诚计划中的大量服务实现了由系统自动化推送，会员客户的服务利益和奖励可以自动进入会员的在线账户中。

- 场景移动化。与以前的忠诚计划依赖现场服务有所不同，移动化极大地增加了数字化忠诚计划运营的便利性，加入会员计划、查询会员状态、兑换相应奖励、推荐朋友入会等都在转向移动端，甚至存在了数十年的实物会员卡片也被与客户身份关联的数字化账号所代替。

- 规则游戏化。以前忠诚计划的规则多为无情感的数字，例如达到多少积分、购买多少商品、达到什么级别之类的描述，数字化忠诚计划更加强调游戏化的规则设计，丰富了内容吸引力，游戏化不仅增加了客户的参与感，还让忠诚计划变得更有乐趣。

- 互动实时化。以前以人员交互为主，现在的数字交互更多是实时发生的数字化接触，也带动了数据收集与分析应用的实时化需求。

在数字化商业大行其道的市场环境下，营销主管们需要重新评估和审视他们原有的忠诚计划是否还能迎合时代的需求。许多企业开始设计数字化忠诚计划，或者对原有的忠诚奖励计划进行升级，以适应忠诚计划的数字化、移动化和社交化的时代特征。

忠诚计划带给客户的三个关键感知

在数字化时代，客户忠诚成为一个连续的旅程，识别也从一个环节变成了一个持续的过程，忠诚维系成为一个体验的过程。你不需要再像早期的忠诚计划那样，先根据客户的历史贡献或对未来的承诺确定客户的价值，然后提供菜单式的相应级别的会员服务，这样的做法在数字化时代已经过时了。

要想赢得客户忠诚，你需要向前看，与客户一起走过一段日子，让客户参与和自主选择，你所做的就是不断地提供更丰富的服务，让客户感觉更好。从客户视角来看，除了奖励计划以外，忠诚计划还应在这三个方面给客户带来与众不同的体验：社会化的荣耀感、个性化的参与感、有担当的责任感。

荣耀感：让客户感受到有面子

要让客户觉得加入你的忠诚计划是值得的。通俗一点讲，就是让客户觉得加入了你的忠诚计划感觉到有面子。要让客户觉得你的忠诚计划是特别的，这种特别不一定是与众不同，特别的是客户在你这里能够体验到受重视的感受。

客户眼中的荣耀感有三个方面：

- 尊重感。我们在体验的章节里探讨了尊重的体验话题。尊重意味着重视每一个人，意味着称呼他们的名字，让他们在每一个接触点上感受到你对他们的尊重。尊重他们的时间，尊重他们的努力，只要可以就为他们代劳，别让他们做无谓的事情。尊重也包括倾听客户，准确地理解他们的需求和意愿，这意味着有时你需要做出一些改变来适应客户的需要。

- 值得信任。对你的客户表达出真诚，让你的承诺和行为值得信任。这意味着你必须能够兑现你做出的每一个重要承诺。忠诚计划本身就是一种服务承诺，需要说到做到，做不到的不要讲出来，否则你很快就会陷入诚信的泥潭，没有客户会再相信你。

- 感激之情。如果你真的想让客户觉得加入你的忠诚计划有荣耀感，在客户加入忠诚计划的那一刻就要给客户这种感觉。不少忠诚计划在新会员加入的时刻都有一个小仪式，以此表达对客户选择加入你的忠诚计划的感激之情。一些更为正式和有严格资格要求的俱乐部在会员加入时都会有正式的仪式。

尽量使用让客户有荣耀感的语言。在忠诚计划的每一个沟通场景里精心设计和客户的对话，培训你的员工掌握忠诚沟通的技巧，无论是面对面还是通过电话进行问题沟通时，都能熟练应用适合的语言和沟通技巧。在数字化接触渠道交互界面的内容设计上，也需要考虑客户的体验感知，使用适当的形象设计和用语。

参与感：开启热情有趣的互动

热情是让你的忠诚计划保持活力的关键所在。忠诚计划是与忠诚客户的持续对话，一个仅依赖条款的忠诚计划很容易变得活力不足。记住，你不是让客户加入忠诚计划，而是要让他们经常光顾和享受忠诚计划。

不清楚什么是热情？热情不是你的微笑，而是要让客户愿意微笑。去星巴克的店面体验一下就能感受到，星巴克是热情的坚定实践者。理解了这一点，你就能明白数字化界面设计和对人员的训练一样能够给客户带来微笑的热情感。

热情意味着这样 4 层含义：

- 欢迎。欢迎总是需要有点行动表示，可以是语言的问候，可以是关怀的行动，可以是一杯咖啡的待客之物，也可以是数字化界面的欢迎交互。如果你想表现出欢迎，总能找到许多适合的场景。不仅在第一次客户加入的时候，而是每一次重要的接触都要让客户感觉到欢迎，比如邀请客户加入忠诚计划的时候、客户再次光顾的时候、客户升级到更高的会员等级的时候。

- 友好。友好远不是表达一下微笑这么简单。友好是真的将客户当朋友来对待；友好是尽可能地帮助他们提前解决可能的问题，让问题不要出现，而不是在客户遇到问题时再解决；友好是让客户愿意因你的所为而向你微笑。如果让客户对你的忠诚计划的友好表现评分，从 0 分到 10 分，你觉得你能得多少分？

- 慷慨。慷慨是你愿意为了客户的关系和贡献而给予回报的价值感。看到过有些零售店铺邀请客户回来兑换积分，结果只拿了一包纸巾离开的吗？你觉得这样客户下次还会为了一包纸巾而跑一趟吗？慷慨不全是物质上的，精神和服务上的回报同样重要，那些用钱都难以买到的服务给客户传递的价值感也可以很高。学学淘宝的皇冠和金冠商户是如何给亲们提供激励、表达慷慨的。

- 有趣。忠诚计划里有真金白银当然好，只有利益不免显得俗气，也失去了特色。忠诚计划需要营造客户有活力的参与感，不能只是一些枯燥的条款。忠诚计划奖励规则的游戏化设计之所以大行其道，重要的原因就是这样使得忠诚计划变得好玩了，好玩儿的东西要层出不穷，一些有意思的规则和好玩的内容很容易吸引用户的参与，再有点惊喜就更好了。

责任感：创造性的主动解决问题

能否建立长期的客户信任最重要的是主动担当。遇到问题就要主动坦诚地面对，表现出担当的精神，给客户负责任的感觉，让客户相信你愿意发现并能真正解决问题。

比面对问题更重要的是如何处理问题。世界上没有完美，现实中总是需要面对可能的问题，产品可能会有缺陷，服务可能会遇到差错，设计再完善的忠诚计划也可能会在运营中遇到问题。

你可以遵循 LEAD 的步骤积极寻求创造性解决问题的方法：

- 倾听（Listen）。认真倾听客户对问题的描述和感受，真正理解问题的本质。
- 同情（Empathize）。站在客户的角度思考，让客户感受到你真诚的关心。
- 道歉（Apologize）。道歉不一定是做错了什么，有时只是让客户感觉到你真正有担当。
- 取悦（Delight）。面对忠诚的客户时，你需要认识到不只是在处理问题，而是要想办法让客户变得更加忠诚。

创造性地解决问题有许多方法，有时在设计忠诚计划时会专门设置一部分资源用于处理会员遇到的问题。你需要给员工适当的授权，让一线人员有能力对于出现的问题进行灵活地处置，或者在数字化界面上让客户进行自主选择。

衡量忠诚计划运营成功的五个方面

忠诚计划运营是为了实现本章前面讲到的 4 个价值目标：发展更多会员、提升会员价值、促进持续消费和储存未来价值。

那么，如何衡量忠诚计划的运营绩效呢？这里给出一个包含会员结构性、会员活跃度、忠诚体验感、利益丰富度和品牌影响力 5 个方面的基本衡量框架，如图 9-9 所示。对这 5 个方面的问题进行回答，有助于你有效地评价忠诚计划的运营效果。

图 9-9　衡量忠诚计划运营成功的 5 个方面

■　优化会员结构性。

理解忠诚计划理想的目标客户，定期分析现有会员的结构和新会员发展的速度，提供针对会员级别的差异化服务。

- 会员的数量与增量分别是多少？

- 会员的目标市场覆盖率是否合理？

- 会员分级的方法和会员结构是否合理？

- 不同级别的客户是否能够获得针对性的定制服务？

■ 提升会员活跃度。

定期衡量和评价忠诚计划的活力，包括活跃的会员数量、新增积分的速度、兑换奖励的行为和意愿等。

- 忠诚计划是否还在保持合理的增速？

- 是否能够做到及时回馈客户？

- 是否引入了游戏化机制促进客户的活力？

- 是否采取了策略促进客户发起的主动兑换？

■ 创新会员体验感。

忠诚体验感是会员对你的忠诚计划的喜爱程度，以及你设计的忠诚计划是否具有时代感和先进性。

- 你如何评价客户对你的积分计划的喜欢程度？

- 你是否打通了移动化的积分运营？

- 你是否应用电子券之类的数字工具来简化奖励体验？

- 你是否主动制造惊喜，增加客户的体验感？

■ 丰富利益吸引力。

客户总是喜欢利益丰富的忠诚计划，他们也希望总是能够获得好的产品或服务，而不是面对缺货的道歉。

- 是否不同级别的会员都能得到适合的利益？
- 是否不断在优化忠诚计划的奖励品类？
- 是否有意识地增加用户喜欢的奖励品类？
- 你的最佳兑换品的易得性如何？

■ 强化品牌影响力。

成功的忠诚计划总是能够帮助你获得市场竞争的有利地位，或者帮助你扩大市场的优势。

- 你与竞争者的优势比较如何？
- 是否鼓励客户进行社交互动？
- 你的忠诚计划在行业的地位如何？
- 你的忠诚计划是否有独特的利益？

上述 5 个方面可以帮助你衡量忠诚计划运营的有效性，对促进忠诚计划运营的短期绩效目标帮助很大。但是只做到这 5 个方面对于获得忠诚计划的长期成功来说还不够。

从长期来看，你必须关注忠诚计划的运营成本和运营收益是否在投资回报上实现了平衡，否则忠诚计划会在未来因为无法实现收支平衡而陷入经营困境。只有忠诚计划本身的运营成本和运营绩效能够实现平衡，或者通过对会员的经营可以从其他方面获得忠诚计划的长期价值增值，你的忠诚计划才可能持续发展下去。

价值：可持续客户经营

- ■ 赢得客户终生价值并非易事
- ■ 新经济时代的价值
- ■ 重新思考营销：基于客户关系的价值经营
- ■ 建立关注客户的指标

"大多数企业只是客户生命周期中的过客。"

——笔者

赢得客户终生价值并非易事

美国《财富》杂志的一篇文章指出，美国中、小企业的平均寿命不到 7 年，大企业平均寿命不足 40 年。日本 Databank 企业调研公司 2012 年的一项研究显示，日本企业的平均寿命达 35.6 年，其中平均寿命最长的制造业达到 45.4 年。中国企业的研究数据显示，中、小企业的平均寿命仅有 2.5 年，集团企业的平均寿命也只有 8 年左右，中国的企业不仅平均生命周期短，能够做大做强的更是寥寥无几。

根据世界卫生组织发布的 2016 年世界卫生统计报告显示，全球人口的平均寿命达到了 71.4 岁，其中日本人的平均寿命达 83.7 岁，排名第一，中国人的平均寿命达到了 76.1 岁。

我们看到，企业的平均寿命远小于全球人口的平均寿命，这意味着绝大多数企业都不如客户长寿。企业做到客户终生价值管理并不是一件容易的事情，绝不是有一两个好产品，把营销做好就够了。

要想赢得客户更长久的终生价值，企业必须：

- 树立长期发展的远见。
- 理解客户资产的价值。
- 从关注产品和渠道转向关注客户。
- 构建以客户为导向的组织。
- 应用衡量客户绩效的指标。

新经济时代的价值

　　传统商业大多基于销售产品和服务创造的增值来衡量市场价值，传统经济中的企业以追求销售更多的产品和服务的方式来创造更高的市场价值。进入以数字化为特征的新经济时代，创造和衡量市场价值的方式发生了变化。无论是网络零售巨头亚马逊、提供互联网搜索服务的谷歌、运营社交网络平台的脸书，还是新兴的电动汽车制造商特斯拉，他们的经营在远没有获得盈利的时候就已经赢得了巨大的市场价值。

新经济公司更高效地创造市场价值

　　与通用汽车、丰田汽车这些巨无霸相比，特斯拉在汽车行业是一个新手。特斯拉看起来与通用汽车在同一个商业领域里竞争，但是有着完全不同的经营理念。通用汽车虽然正在改变，但看起来仍是 20 世纪工业时代的汽车公司。特斯拉是一家 21 世纪的公司，在新经济时代正努力地创造新的成功规则。

　　特斯拉应用先进的电池技术，使得汽车结构比汽油车或柴油车要简单得多，因而制造特斯拉汽车只需要比传统汽车主机厂商少得多的工厂员工和资本投入。特斯拉在销售模式上并不依赖经销商，客户可以直接在网站上预订希望购买的汽车型号，或者在线设置汽车的规格和配置要求，也可以到特斯拉的展厅里参观样车或试驾。特斯拉运用软件技术和移动网络来设置汽车的控制系统和数字功能，这样的软件维护和升级模式也避免了许多召回的需求。

　　综合这些因素，以每一美元的资产投入计算，通用汽车能够创造 1.85 美元的市场价值，而特斯拉能够创造 11.1 美元的市场价值。通用汽车平均每位员工创造 24 万美元的市场价值，而特斯拉的每位员工能够创造 290 万美元的市场价值。

虚拟资产成为价值创造的关键要素

进入数字化时代，在创造市场价值的要素中，实体和货币资产的重要性明显下降，虚拟资产在市场价值创造中占有更为重要的影响要素，越来越多的数字化公司以微不足道的实物资产创造出极高的市场价值。即使像苹果、Fitbit、特斯拉这样制造有形产品的公司，也具有这个特征。

不同的公司每一美元资产所创造的市场价值差异很大，如图 10-1 所示。与传统企业相比，提供数字化服务的公司在创造市场价值的资产回报率上具有明显的优势，提供全球信用卡跨行交易清算服务的维萨每一美元资产能够创造高达 101.1 美元的市场价值，脸书每一美元资产也能够创造高达 53.0 美元的市场价值，这一数字高过了全球市场价值最高的苹果公司，苹果公司每一美元资产能够创造 30.2 美元的市场价值。

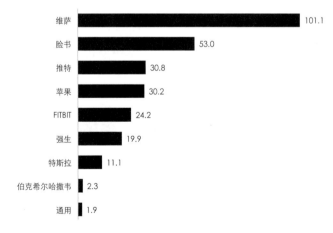

图 10-1　每一美元资产创造的市场价值

智力资本的时代

数字化时代的公司最重要的资本不再是实物和货币资本，而是智力资本。智力资本包括三种主要类型，即以软件、专利、版权、品牌或其他知识形态存在的知识产权资本，以购买者关系衡量的客户资本，以及具有特定领域知识和特殊专业技能的人力资本。

即使像苹果公司那样销售有形实物产品而获得主要经营收入的企业，首先也是一个以智力资本为主的企业，拥有大量的知识产权资本、客户资本和人力资本。

苹果公司每年销售上亿台智能设备，全球有超过 10 亿用户使用苹果设备和苹果应用商店的数字内容服务。几乎所有的苹果公司产品都是委托第三方生产的，苹果公司管理和协调着极为复杂的全球供应链，让苹果公司的产品准时地出现在需要的地方。苹果公司租用其他公司的服务器来搭建为用户提供的云服务，按需付费，实现更加灵活地增加或减少云服务所需的系统计算和存储容量。这些都需要苹果公司聘请具有一流专业技术和管理经验的人才，与全球最具智慧的科学家、管理精英和专业人士合作。

一个越来越被认同的共识是：对于 21 世纪的公司，员工拥有大多数的智力资本，其实这些拥有技术和管理技能的员工本身就是智力资本的大部分。

重新思考营销：基于客户关系的价值经营

在新经济时代，由于价值创造模式、数字信息技术、客户行为模式和客户交互场景的变化，因此越来越多的企业重新思考营销。基于传递可持续价值的客户互动是长期经营客户关系价值的关键所在。为此，企业与客户建立并保持持续的连接，分析收集到的数据，建立对客户行为特征和需求的全面理解，发起富有价值吸引力的客户互动。

耐克已经成功转变为一家 21 世纪的公司，主动倾听客户在社会化媒体上的声音，利用社会化媒体与客户进行营销沟通，率先应用 3D 打印技术重新创造产品和生产过程。

无论是传统零售公司还是新零售公司，都在持续分析收集到的各种客户数据，基于洞察建立的客户理解来制定面向长期客户关系的营销策略。乐购利用俱乐部会员卡收集到的数据追踪分析到访店面的客户，研究他们挑选和购买什么、通常在什么时间购买以及如何进行支付等，乐购的数据研究经常会有意想不到的新发现，指导设计针对性的营销策略提升客户的价值贡献。Kindle 不仅是亚马逊提供数字化内容的产品载体，同时也是洞察客户行为和价值的数据平台，亚马逊观察 Kindle 用户的阅读习惯持续优化产品体验，向用户推荐更加匹配的图书新品、数字内容和亚马逊网站商品，给用户深知我心的体验。

要想赢得和经营客户的生命周期价值，可以采取这些策略：

- 发展在线客户关系。
- 关注客户的盈利性。
- 最大化生命周期价值。
- 聚焦客户资产价值。
- 赢得客户资产份额。
- 培育终生客户成长。

发展在线客户关系

数字化催生了在线会员经营的新兴业务模式。这类数字化企业构建在线用户社区，吸引注册用户，然后向他们提供需要的内容、产品和服务。

领英（LinkedIn）由 Reid Hoffman 与合作伙伴在 2002 年创建于美国硅谷，定位于为职场人士提供会员制服务，领英的网站在 2003 年 5 月 5 日正式上线。领英是全球最大的职业社交网站，截止至 2016 年，领英的注册会员数量已经超过 4 亿人，遍布 200 多个国家和地区。

领英向注册会员提供在线沟通平台和自助信息管理工具，帮助会员建立专业的在线形象，拓展职场发展机会。注册会员能够浏览会员资料、在招职位、行业消息、人脉圈动态和对职业发展有帮助的相关信息。领英拥有多种业务模式，提供付费账号服务、广告销售及多种招聘解决方案。

领英向会员提供了一系列服务利益，包括：

- 包含公司名称和地点的联络网络。
- 雇主能够为潜在候选人列出工作机会。
- 求职者能够浏览招聘经理的简历，发现哪个联络人能够帮助引荐。
- 媒体人士不需要通过职业社交就能够直接找到专家。
- 会员能够找工作、找人，以及获得联络人推荐的机会。
- 会员能贴出照片，也能浏览其他人的照片，有助于识别。
- 会员能够关注不同的公司，并收到有关新成员和获得录用的通知。
- 会员能够保存感兴趣的工作。
- 会员能够对其他用户的状态更新表示"点赞"和"祝贺"。
- 会员能看到谁浏览过他们的介绍。
- 会员能够加入专业兴趣的讨论组，很容易邀请其他人加入讨论。
- 会员能在领英创建他们自己的兴趣组。
- 会员能够看到群组的问题，分享实时的反馈。

用户创建的这些相关信息对于职场人士、需要招才的企业和专业协会具有潜在的价值。随着社交网络的发展，越来越多的职位招聘依赖于社交媒体、员工推荐和招聘主管的人脉。领英通过这样的策略成功地实现了较强的会员黏性。eMarketer 的研究发现，40%的领英活跃会员每天至少会检查一次账户。

关注客户的盈利性

产品的盈利性能够代表企业短期的盈利能力，而关注客户的盈利性能够帮助你识别未来有潜力的客户，从而更好地管理和创造未来的市场价值。

美国运通是零售金融领域的客户经营大师，创立于 1850 年，目前是世界上最大的旅游服务及综合性财务、金融投资及信息处理的全球性公司之一，也是全球最大的独立信用卡公司。

美国运通的策略重心定位于关注少数忠诚的高价值客户群。这些客户群体里高消费用户占比较大，他们为美国运通贡献了大多数的收入和主要的利润。美国运通建立了内容详尽的用户数据库，甚至连用户喜欢意大利菜这样的细节性行为偏好信息都不放过。美国运通按照社会阶层、收入水平、消费特征、旅行频率、购物偏好等生活方式特征变量识别多个特征各异的客户群体，从而进一步深入研究和寻找具有高价值、高忠诚潜力的目标客户群体。

美国运通研究发现了一个具有"积分上瘾"偏好的细分客户群，他们大多是企业的高层管理人员和管理咨询顾问，喜欢积累航空公司常旅客计划和酒店忠诚计划的积分。为了吸引和赢得这批具有潜在高盈利性的商务客户群，美国运通研究和设计了适合这些特别商务客户群需求的产品和服务，专门推出了包含极具价值吸引力的积分奖励计划的信用卡产品 Reward Plus 金卡。虽然这个卡产品与美国运通标准的金卡相比具有较高的年费，但是它提供消费双倍奖励的积分回馈计划，这一策划正是对这类商务客户群具有特别吸引力的关键利益所在。

此外，这一产品的主持卡人还可以获得 5 张免费的附属卡，这些附属卡的持卡人也同样享受 Reward Plus 金卡的服务利益，包括能够提供签证信息、旅行途中生病或紧急状况援助的全球服务热线服务。因为目标客户群的特殊性，传统的大众营销传播并不能有效地覆盖和影响这类目标客户群，美国运通策划了向现有持卡用户提供升级服务的方式，向符合目标客户群特征的持卡用户定向发出产品邀请，同时使用促进持卡用户的卓越体验带来的口碑传播来吸引他们周围的潜在客户。美国运通的努力在市场上获得了远超预期的成功，Rewards Plus 产品成为美国运通最受欢迎和最有利可图的信用卡产品之一。

美国运通主动监控客户对于不同产品和服务的行为方式和服务反馈的变化，积极寻找增进客户关系和创造未来客户盈利性的营销机会。基于持卡客户的消费数据记录，美国运通构建分析算法来预测哪一个产品会是持卡客户的"下一个最佳产品"。美国运通主动向首次购买高舱位机票的金卡客户发出升级为钻石卡的邀请。美国运通发现由于家庭环境的变化，因此一些持卡人可能希望拥有一张能够进行特别额度限制的副卡来给自己的孩子使用，通过主动向他们提供适合这一需求的副卡产品推荐，美国运通成功地将现有客户的消费能力拓展到持卡人信任的家庭成员和伙伴。美国运通还通过监控持卡用户的行为特征画像信息的变化来主动管理信用风险。

研究显示，与单一品牌的奖励计划相比，72%的美国消费者更喜欢一个能够在多个品牌进行消费的奖励计划。2015 年，美国运通联合 AT&T、埃克森石油、梅西百货、Nationwide 保险等多家品牌联合推出了一个面向美国人的共享忠诚计划 Plenti。Plenti 计划的设计专门针对偏好多奖励计划的客户群需求，提供可以赢得积分奖励的购物选择、特别提供的附加价值以及会员专属的商品折扣，一经推出就得到了用户的欢迎。

最大化生命周期价值

大多数企业只是客户生命周期中的过客。要想长期具有生命力，只是赢得客户的短期贡献远远不够。要想赢得更长久的客户生命周期，你需要真正地将自己定位于一个价值创造者，不断地创新产品、改善业务、优化流程，努力提供客户想得到的服务，不断地为客户创造体验、价值和增值。

USAA 成立于 1922 年，是一家总部位于美国德克萨斯州的金融服务公司，主要为美国军人及军人家庭提供保险、银行和投资服务。USAA 将最大化地赢得客户生命周期价值视为最重要的战略焦点。USAA 将服务的客户亲切地称为会员，截止至 2016 年底，USAA 已经向 1190 万会员提供综合金融服务，在客户体验、会员忠诚和服务质量的多项行业评选中位居金融行业的榜首。

USAA 致力于服务会员生命周期中的每一个重要生活事件。对喜结良缘、为人父母、乔迁新居、更换工作、退休生活、家庭关爱、丧失配偶等重要的生活事件，USAA 都精心设计了个性化的服务和产品解决方案，帮助会员从容应对这些关键的生活事件所需要的各种金融服务需求和生活挑战。

为了赢得会员的生命周期忠诚，USAA 努力向会员提供更加增值和更加节省的金融服务计划。在会员乔迁新居时，USAA 的金融顾问向会员提供个性化的全面解决方案，包括旧房资产评估、旧车交易、新房贷款、新车选购、搬家过程的保险服务，并且妥善安排好这个全套服务方案。USAA 告诉用户这些服务在市场上的价格是多少，选择 USAA 的服务比单独从其他服务商购买能够节省多少钱，从而帮助会员做出更有价值的理智决策。在 2015 年，仅在汽车选购服务上，USAA 就帮助会员在购买和租用汽车的服务上平均节省了 3443 美元。

USAA 的服务不止产品，同时设计了包括丰富利益的会员忠诚计划，向会员提供整合的线下和在线购物消费折扣、旅行套餐、汽车选购、房屋选购等在内的多项增值服务。USAA 构建了在线会员社区，让会员分享值得尝试的经验，发现有意义的新观点，让会员通过了解其他会员们的想法和会员之间的连接和互动来获得更多有价值的信息，这也让具有相似背景和经历的会员倍感亲切。

USAA 的策略得到了会员的高度赞誉，高达 92% 的会员表示愿意与 USAA 建立长期的生命周期关系。

聚焦客户资产价值

在数字化时代，客户资产价值成为衡量和影响市场价值和品牌价值中最重要的因素之一。数字化时代的新兴公司更加注重客户资产的价值，那些拥有大量用户的数字化公司在短时间内就收获了巨大的市场价值。

根据全球知名的品牌研究公司 Interbrand 发布的 2016 年度报告，苹果和谷歌分别位列全球品牌价值榜单的前两位，对于这两家以科技见长的公司，其用户规模和用户忠诚度在品牌价值中占有非常重要的权重影响。Interbrand 也列出了全球品牌价值增长最快的榜单，位列品牌价值总榜单第 15 位的脸书以 48% 的年度增长成为全球品牌价值增长最快的品牌，亚马逊以 33% 的价值增长紧随其后，玩具制造商乐高以 25% 的价值增长排名第三。

脸书是全球活跃用户数量最多的社交网络，2016 年的月度活跃用户数达到了 17.2 亿。脸书在 2012 年以 54.2 亿美元登上了全球品牌价值 100 强的榜单，2016 年的品牌价值达到了 325.9 亿美元，短短 4 年时间，脸书的品牌价值增长了超过 500%。

脸书开启了网络社交时代，成为社交连接的代名词。脸书帮助人们与朋友、家人建立和保持连接，人们可以在脸书上发现和浏览世界上发生的新闻事物，和朋友们分享观点和想法，就关注的话题发表意见和评论。脸书上几乎所有的内容都是用户创造的，用户持续不断地创造相互之间的连接、生产和消费丰富的内容和发起有意义的社交互动。用户创造的连接、内容和社交互动成为脸书最具价值的数字化资产。

脸书基于开放的用户连接创造了社交广告时代。脸书通过分析用户的画像资料、行为记录和社交轨迹建立起对用户的深刻洞察，基于这些洞察设计和构建社交广告产品完善脸书平台的功能和服务，不断设计新的社交服务产品。脸书利用用户提供的信息资产和贡献的行为记录不断优化对用户的理解，采取更具人性化的行动帮助用户控制自己信息的流动。与此同时，脸书也收获了由此带来的活跃用户规模和市场价值的持续增长。

脸书的创始人扎克伯格对于开放和公平的渴望超越了对利润的追求。脸书构建的连接平台蕴藏着巨大的市场价值潜力。脸书在平台开放的过程中发现管理和维护平台的应用开发生态并维持平台系统良性秩序并不是一件容易的事情。应用程序之间常常为了争夺用户而不惜一切代价，用模棱两可的语言欺骗用户的转发和分享，出现了越来越多的垃圾应用程序，制造能够流向人们首页的新闻消息。这些行为不仅影响了脸书用户的体验，可能给用户带来损失，还给脸书平台的品牌声誉和长期价值带来负面影响。这种情况变得越来越严重，脸书的开发平台管理一度因此而失去了有效的控制。脸书随后宣布了一系列规则变化，并且引入了一个新的评分系统，鼓励和促进更有趣和更具使用价值的应用程序，通过核准更有信誉的优秀应用程序来淘汰垃圾应用。脸书开发平台的生态系统重新回到了扎克伯格的理想主义轨道，这不仅保护了用户的体验，也重塑了脸书的品牌形象和市场价值。

社交网络的发展让我们生活的数字化世界变得越来越透明。用户和企业之间的关系快速地融入脸书、微信这样的社交网络平台，各大品牌纷纷在脸书和微信社交平台上设立专门的页面，与社交平台上的用户建立社交连接，策划和发起社交互动沟通，管理与用户的社交关系，促进用户对品牌的理解和忠诚。

当我们面向"未来的社会"进行思考时，脸书和微信社交平台连接的所有用户构成了一个拥有思想和感受的全球性数字化组织。

赢得客户资产份额

在新经济时代，不仅货币资产和实物资产影响着企业的市场价值，虚拟数字化资产在市场价值创造中占有的比重也越来越重要。这些虚拟资产可以是数字化的信息资产、知识化的智力资产，也可以是关系化的客户资产。

数字化企业可以没有厂房和实物，甚至可以没有多少员工，但绝对不能没有用户。对于数字化企业来说，客户直接或间接的消费、客户创造的内容、客户投入的时间、客户的关注都可以以各种方式转化为数字化资产，这些都会对企业的市场价值产生影响。

在新经济时代赢得客户资产份额具有这样三层含义：

- 客户钱包份额。客户在某企业的产品或服务的消费占其在相同品类的产品和服务的总消费比例就是客户钱包份额。例如，某客户每年在企业 A 的产品和服务的消费是 1500 元，如果该客户在相同品类的产品和服务上的总消费是 5000 元，这意味着对企业 A 来说，占有该客户的钱包份额是 30%。

- 客户时间份额。客户在企业提供的内容、产品和服务上花费的时间越多，企业就占有更多的客户时间份额。以提供新闻内容聚合的新媒体平台为例，不仅需要吸引更多的注册用户来加强用户基础，更重要的是通过整合人们感兴趣的内容来吸引用户的关注和阅读，参与内容的分享、推荐、评论或互动等。数字化媒体平台通过将用户的一部分关注转化为数字媒体展示广告等方式来获得市场价值。

- 客户内容贡献。对于提供内容分享的社交网络平台来说，大多数内容和互动都是平台上的用户创造的。在这种情况下，不仅用户花费的时间有价值，用户贡献的内容、评论、分享和互动同样具有价值。人们愿意来到知乎、豆瓣这样的内容分享社区，主要的吸引力是有一批资深用户贡献了高质量的内容，他们是促进平台价值的内容生产者，许多平台视这些资深用户为合作伙伴，不惜与他们分享利润。

相对于货币财富可以通过多种方式赢得增长，时间对于每一个人都是有限的。数字化企业之间的竞争不仅是客户钱包份额的竞争，还有他们的时间份额和内容贡献的竞争。理解了这一点，就能理解数字化企业在用户争夺上的竞争更加激烈，形式也更加多样。

在数字化的世界里，强者恒强。在移动互联时代，一个满足用户需求的移动应用往往就能吸引用户关注，随之占领用户的某个生活场景。领先者一旦占据了优势，在用户声音的放大效应下，很快就能拉开与跟随者的差距。

数字化竞争是对现有和未来的用户场景的占有。正如微信对于社交场景的占领，淘宝对于在线购物场景的占领，滴滴对于出租出行场景的占领，美图对于自拍美颜场景的占领，大众点评对于餐饮休闲场景的占领等，这些具有远见的数字化企业知道，未来的市场价值是通过占领更具价值的用户场景来实现的。

数字化企业总是想方设法地将提供的产品和服务与用户的需求场景结合起来，在这些数字化场景中吸引用户更多的关注，占有用户更多的时间，赢得用户更多的内容贡献。

培育终生客户成长

我们在本章的开头探讨过企业和客户的平均寿命，客户的平均寿命远大于企业的平均寿命，这也意味着在大多数情况下，客户比企业更具有成长性。在赢得长期的客户生命周期价值的竞争中最终胜出的公司一定是那些不断伴随客户成长，并且有能力持续创新客户需要的产品和服务的公司。

　　2016 年底，亚马逊的市场价值超过了以沃尔玛为代表的美国前十大传统零售商的市值的总和，如图 10-2 所示。如果我们仔细看看从 2006 年至 2016 年这 10 年间的市场价值变化，亚马逊在 2006 年年底的市场价值只有 175 亿美元，到 2016 年年底达到创记录的 3559 亿美元，10 年间增长了 1934%。再看一下传统的零售商，除了沃尔玛保持了市场价值的相对稳定以外，其他零售商全部出现了市场价值的大幅缩水，西尔斯百货（Sears）的市值更是从 2006 年底的 278 亿美元跌落到 2016 年底的 11 亿美元，市值缩水达 96% 之多。

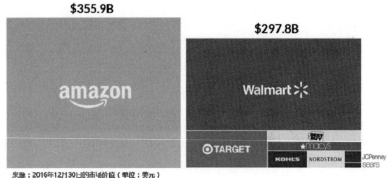

来源：2016年12月30日的市场价值（单位：美元）

图 10-2　亚马逊 2016 年 12 月 30 日的市场价值对比

　　亚马逊被视为全球以客户为中心的公司标杆。亚马逊的创始人贝索斯从成立之初就确定了三个基本的理念：客户至上、创新热情和长期思考。

　　亚马逊一向注重客户体验。亚马逊致力于向客户提供价格低廉、品类广泛的商品选择和无与伦比的购买体验，并且持续不断地致力于提供更好的客户体验。亚马逊希望以卓越的体验提供客户需要的一切产品和服务，在贝索斯的领导下，亚马逊从来不会为了迎合资本市场而在客户体验上妥协。亚马逊吸引客户每周都来看看有什么新东西值得购买。亚马逊拥有海量客户，与客户之间发生着无数次互动，这些互动构成了亚马逊独一无二的知识资产，也是竞争对手无法企及的竞争优势。

创新是亚马逊从创业之初就保持的精神。从本质上来说，亚马逊更像是一个以技术创新驱动客户经营的公司。亚马逊希望每一个客户都有一个不同的亚马逊网站。这听起来很难，但是贝索斯决定要做到这一点。亚马逊通过持续地学习来研究和了解客户，收集每一天的客户行为和交易数据，应用数据技术建立每一位客户的洞察，应用洞察以个性化的体验向客户提供他们需要的产品和服务。亚马逊研究客户在生命周期阶段的需求和行为特征，预测客户的需求和行为的变化，持续优化和完善用户的画像，不断创造有价值的客户互动。

亚马逊总是站在面向客户未来竞争的至高点上进行战略思考。正如我们在忠诚的章节里描述的那样，亚马逊于 2005 年推出的 Prime 会员计划赢得了最具购买力的客户群体的忠诚价值。在亚马逊的精心培育之下，Prime 会员成为对亚马逊更加忠诚的终生客户，他们喜爱亚马逊网站的体验，不断地重复购买，他们的宣传为亚马逊带来了更多新会员。Prime 会员的年平均消费也远高于非会员的平均水平，他们所需的营销成本反而更低。

亚马逊的成功之处远不止于此。亚马逊在技术上的超前投入帮助其取得了竞争对手难以企及的领先优势，成功地将客户体验运行在全球最领先的云计算平台上，这使得亚马逊能够实现对数以亿计的客户在跨不同的渠道时进行实时的个性化支撑，实现全部客户接触点的个性化交互。应用预测技术，亚马逊能够预知你将会需要什么，并以你最喜欢的体验方式传递这些产品和服务，不知不觉中，亚马逊就能设计和实现你的生活。亚马逊已经在"未来的服务"上进行了布局。

建立关注客户的指标

当从营销产品到培育客户开始转变时，需要一套新的指标来衡量战略的绩效，如图 10-3 所示。

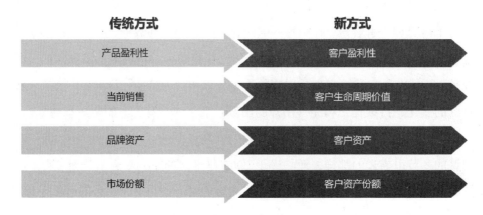

图 10-3　适应客户模式的指标

- 第一，开始关注客户的盈利性。这样的转变从为客户的长期贡献进行投资开始。零售商经常会向有潜力的会员投放一些特别的产品，虽然从产品销售角度看并不太盈利，但是能够增进客户关系，这些行动可以促进未来客户的盈利性。

- 第二，关注客户生命周期的价值。客户生命周期价值指标就是用来衡量你从客户经营获得的未来价值。你的眼光必须更加长远，关注公司的长期价值，一个只关注当下销售而缺乏未来前景的公司只会走下坡路。

- 第三，关注客户资产的价值。客户资产价值是客户生命周期价值的总和。客户资产价值的增长不仅能够促进公司当前的市场价值增长，也与公司未来的市场价值增长具有相关性。

- 第四，关注客户资产的份额。市场份额反映了公司当前产品的市场竞争力，客户资产份额有助于衡量公司保持长期盈利的客户竞争能力。这样的转变能够让公司超越产品的视角真正地回答你是否提供了对客户真正有价值的产品和服务。

面向客户的营销策略更加依赖客户信息的应用，你也需要建立一套指标来衡量客户信息数据的收集、管理和治理的水平，以及衡量对于客户信息数据的分析和应用的表现。

如同其他的组织转型一样，一个产品导向的公司要想全面转向客户导向往往面临着许多艰难的挑战，远非建立一套衡量指标那么简单。真正转向以客户为中心，需要公司在战略领导力、组织的转型、营销策略、运营管理和信息技术支撑等方面的综合努力和持续的行动。

第
11
章

未来：数字时代的智能化

- 影响未来变革的技术驱动力
- 模糊的数字化企业边界
- 移动互联消费族群
- 个人数据应用前景
- 个人数据应用生态
- 智能化服务与营销

"未来，技术创新重塑服务。"

——笔者

数字化技术应用的普及驱动着企业向数字化转型，数据的广度采集和深度应用促进了产品和服务的智能化，随身携带智能终端的人们逐渐成为社会生活和数字消费的主流，在新兴数字化用户的消费和社交行为变化的影响下，企业向客户提供产品和服务的方式也在不断发生着变化，数据在促进产品和服务的交易以及优化客户互动中的作用越来越大，这也带动了金融服务、交通出行、生活消费、科技教育、公共服务等社会经济领域的变化。

我们在本章探讨以下 6 个方面的内容：

- 技术驱动力对未来经济的影响
- 数字化对商业边界的影响
- 移动互联消费族群
- 个人数据应用的前景
- 个人数据应用的生态
- 未来的服务和营销

影响未来变革的技术驱动力

未来将有更多设备连接到互联网上，包括移动设备、可穿戴设备、家用电器、医疗设备、工业传感器、汽车、交通监控等，这些智能设备创造并分享的数据信息和技术应用将会给社会经济、工商活动和人们生活带来新的变革。

世界经济论坛 2016 年发布的全球变化洞察报告指出了驱动世界经济变革的主要技术驱动力，并对这些技术驱动力带来的影响的显著性进行了评价，如图 11-1 所示。

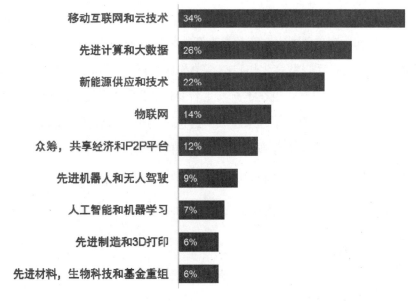

图 11-1　影响世界经济变化的技术驱动力与显著性

在对未来全球经济影响最显著的 9 项技术驱动力中，移动互联网和云技术、先进计算和大数据位于前两位，这两项也是对消费者行为和消费者市场产生重要影响的技术领域。

移动互联网和云技术方兴未艾

到 2020 年，移动互联网对新兴网络数字化消费族群仍将产生持续的影响力，企业和商家在移动互联与物联网相关的技术开发和商业应用上的投入会持续增长。

- 持续改变用户的行为。实时连接互联网的移动设备不仅能够实现自动采集数据信息的功能，还能够通过互联网连接的业务系统实现业务处理与用户交互的能力，这将创造出更多全新的生活和消费场景，持续影响人们行为方式的变化。

- 更加强大、丰富的应用。未来各类移动应用的数量仍将快速增长，苹果应用商店在 2016 年 6 月已经拥有超过两百万个应用程序。与此同时，以脸书、微信为代表的超级移动应用所产生的统治力也在吸引更多企业在这些超级应用平台上开发功能更加易用、内容更加丰富的应用服务。

- 变革生活和消费生态。无处不在的移动应用和随处可见的智能终端将人们的生活和消费场景全面带进了移动智能时代，就像互联网改变了人们获取信息的方式那样，移动互联网改变了人们的生活消费方式，也在变革着商业经营的模式和形态。

先进计算和大数据走向深度应用

虽然目前的大数据应用仍然处在数据积累和预测分析应用的初级阶段，大量资源和技术投入了数据的生产、存储和基本的分析处理，但是随着越来越先进的机器学习算法和数据应用的不断成熟，数据管理、预测分析和商业应用将不断深化，对社会经济和商业决策产生越来越重要的影响。

先进计算支撑的数据应用会在这些方面带来突破：

- 自动实时地收集与处理数据。随着物联网发展和智能传感器技术的应用，数据的收集过程已经完全自动化，机器产生的数据在新产生和存储的数据中所占的比重越来越大。越来越多的技术应用型公司主动收集各种数据并进行商业利用，这一现象引发了人们对于个人数据收集的商业伦理和隐私保护问题的更多关注。

- 重构数据分析与预测决策。先进的计算技术优化了海量数据的处理和分析效率，通过算法优化使得一些关键业务场景的实时行为分析和预测决策成为可能。基于大数据的预测分析技术的成熟在促进企业做出正确的业务决策、更合理地优化资源分配和发起体验更佳的客户互动等方面能够发挥越来越重要的作用，也促进了商业服务、风险管理、社会公共服务和政府管控的发展。

- 创新大数据的商业化应用。不同来源在不同时间产生的数据越来越多样化，对这些数据进行整合在未来仍然极具挑战。日益丰富的数据来源和更为先进的分析技术不断催生新的数据应用模式，未来将会出现以互联网平台和政府主导的数据应用市场，企业需要在用户隐私保护和数据应用带来的服务营销创新之间寻求平衡。

模糊的数字化企业边界

未来，每一家企业都将实现数字化，数字化技术和应用将会不断丰富，快速产生和流动的数据促进信息的透明化，驱动更加开放的商业生态，这为商业服务赋予了更多可能，同时也降低了许多行业的市场进入门槛。

在数字化时代，以下这些因素已经难以形成垄断性的竞争壁垒：

- 基础设施。数字化实现了更高效的资源链接，为更好地整合和利用基础设施提供了更多可能。资源平台 Airbnb 没有一间客房，利用互联网络整合了全球数百万的房源提供出租服务，这样的服务创新会在越来越多的行业市场出现。

- 先进技术。数字化带来的开放性使得智能移动应用、先进传感器、微型控制单元、云服务等先进技术更加容易获得，这些技术不再是难以突破的竞争壁垒。即使是传统企业，也可以通过与提供先进技术的服务商合作，在短时间内应用先进技术。

- 财务资本。资本的流动变得更快，投资服务也更加完善，只要你有好的创意，具有相应的能力和资源，就会有许多投资机构愿意投资，帮助提供创新所需的资金。众筹、P2P 等融资方式创新了金融服务，创新初期起步时所需要的资本更容易获得。

- 销售网络。传统的销售网络需要数年时间才能搭建起来，如今数字化为新兴企业提供了低成本快速扩张的可能，几乎在一夜之间就可以通过数字营销实现营销网络的构建。渠道的数字化带来更加激烈的客户竞争，新的玩家可能从各个行业涌现出来。

- 数据洞察。实体世界的数据积累不仅需要相当长的时间，而且成本相当高昂。在数字化时代，智能产品、社交网络和移动应用不断产生着丰富的数据，利用这些数据能够在短时间内建立起对客户的了解，实现更个性化的服务和更加精准的营销决策。

- 客户忠诚。数字化客户要想离开，只需在手机屏幕上做几个简单的触控操作即可。当人们被设计卓越的产品和服务体验所吸引的时候，选择和离开是分分钟就能做到的事情。传统的忠诚计划转向数字化，以适应人们信息获取和消费行为习惯的改变。

- 监管规则。数字化带来更多的可能，在优化和创新现实世界的同时，也对传统的行业监管方式提出了挑战。比特币挑战了各国央行对于现金监管的规则，支付宝、微信支付等第三方支付的发展促进了金融监管机构对于传统监管模式的思考和监管规则的完善。

■ 品牌声誉。在传统世界构建品牌往往需要相当长的时间，在数字化世界里，一个品牌在短短几个月内就可以从新生到风靡全球。如同 Pokemon Go 那样，人们对于有吸引力的创新事物通过社交媒体的内容传播很快就可以建立起广泛的网络认知。

移动互联消费族群

我们在第 2 章探讨了数字化的发展，数字化带来了新兴的网络消费群体，移动互联和云服务技术在短短几年时间里形成了一个数以十亿计的移动互联消费族群。明天的消费者具有这样的特征，他们实时连接互联网，几乎一刻也离不开手机，更偏好接触数字化的内容，优先选择数字化的方式进行消费和支付。统计数据显示，高达 91.8% 的智能手机用户在 2016 年用移动应用程序购买过，用于移动数字支付、付费内容订阅、移动应用购买、移动终端游戏、电子商务交易等。

如果还停留在传统的营销思维上，几乎可以肯定地讲，你会面临难以获取新用户的挑战。你必须全面理解移动互联消费族群，建立对以下三个方面的理解：

■ 他们的行为、偏好和担心。
■ 数字化媒体带来的影响。
■ 如何与他们建立起信任。

数字化消费者的行为、偏好和担心

■ 数字化用户的行为依附于关键的设备、平台和内容形式。人们在智能互联设备上花费的时间越来越多，无论是社交互动、获取信息、生活消费、学习知识还是处理工作事务，人们更愿意使用便利的移动智能设备。在这种情况下，你必须改变传统的渠道发展策略，转向数字化和移动优先的策略。

- 数字化消费者的决策更有主见。数字化用户不再简单地被动接受商品、服务和内容，人们更愿意主动搜索适合的内容，或者寻求社交网络和朋友圈的建议，在用户注意力越来越短的同时，他们的决策变得更有主见。年轻一代的移动互联用户更喜欢使用社交网络寻找低价格的促销，他们依赖同龄人的评论来做出选择。

- 数字化消费者信任危机的挑战。数字化的世界充斥着各种虚假、欺骗和不安全的信息，越来越多的消费者逐渐认识到数字化世界并不单纯，也非安全的港湾，一些人开始对数字化世界表现出日益增多的不安全感，转而采取相应的不信任行为，呼唤安全可信的数字环境和品牌。

数字化媒体带来的影响无处不在

- 人们喜欢通过在线媒体平台获得内容。在媒体内容传播和数字广告发布上，以微信为代表的社交网络平台和以头条为代表的内容聚合平台具有越来越重要的用户影响力，越来越多的企业依赖这种具有统治力量的数字媒体平台来发起面向数字化消费者的数字营销和内容传播。

- 数字化媒体帮助用户发声，增加用户的参与感。数字化用户的社交行为逐渐集中在数字媒体平台上，这也为人们带来社交技能的改变，企业需要建立在线用户社群来发起与数字化客户的沟通。线上并不能完全代替线下，线下的沟通和面对面社交仍然具有非常重要的作用。

- 数字媒体平台通过整合服务资源形成服务市场的供给模式。优步、滴滴这样的数字化服务平台为人们带来了资源供给的丰富性、服务的便利性以及资源共享的价格经济性。与此同时，由于普遍缺乏训练，提供服务的人员能力和专业水平参差不齐，因此带来了对低质量和低效率服务的抱怨不断增加。

应用基于内容的互动建立用户信任

- 与目标消费者建立直接的互动成为首选的营销方式。人们现在每天可以接触到数以千计的各类广告信息，面对数量繁多的数字媒体平台和信息来源渠道，人们仅会注意到其中占比很小的一部分，广告信息能否准确到达目标受众变得越来越需要验证，同时数字化的广告屏蔽工具能够过滤绝大多数的无效信息和对用户的打扰信息。

- 独特的内容成为维系数字化消费者信任的重要基础。要想与数字化消费者建立互动并影响他们，你必须采取与众不同的方法，构建具有独特吸引力的内容，应用内容营销来吸引人们的关注，持续地创造和发布有价值的内容来促进数字化用户的行为转变和信任提升。

- 在内容的传播和消费者互动中遵循普适的商业伦理。要想成为一个负责任的品牌，在使用消费者数据的时候必须遵循基本的商业伦理和数字时代的隐私准则。在社交媒体上表现出有责任感，保持持续的品牌曝光度，也是建立和赢得数字化消费者信任的有效方法。

个人数据应用前景

在数字化环境下，未来的商品和服务更多以数字化的方式提供，决策选择、交易支付和服务支持的全过程也能通过互联网实现，几乎所有的用户行为和交易状态都能实现数字化，人们在数字化的世界里变得透明，几乎没有秘密可言。

这也意味着，在数字化环境下，个人数据和行为轨迹在不知不觉的情况下就被自动化地收集了。

个人数据的收集和应用产生了一系列变化，如图 11-2 所示。

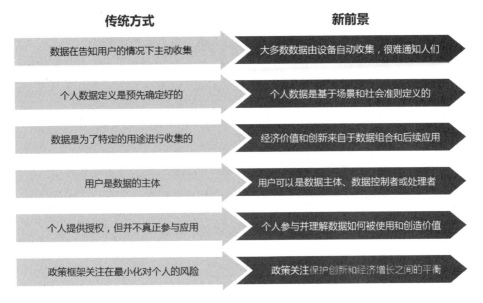

图 11-2　个人数据应用的新前景

- 个人数据的收集过程不再需要人工干预。现有的数据多是在事先告知用户的情况下主动进行收集的，而未来的数据更多将由网络计算机和智能设备传感器自动化生产和收集，几乎无法在收集数据的时候事先告知用户。
- 个人数据不再是预先定义好后再收集。传统的个人数据多是基于预先定义的数据结构进行收集的，在未来的物联网环境下，越来越多的组织具有收集数据的能力，与设备相关联的个人数据不再需要事先定义，而是基于场景和社会准则来定义。
- 个人数据的收集不再出于明确的目标。在传统环境下，大多数数据的收集是出于某种特定的目标或需求，而在数字化环境下，数据的收集是全量的，在收集时并没有明确的目的性，通过对积累的数据进行组合或后续分析来发现有意义的数据应用。

■ 个人参与数据的控制和处理过程。在传统环境下，用户虽然是数据的主体，但是几乎无法参与数据的控制过程，而在未来的数字化环境下，用户既可以是数据的主体，又可以是数据的控制者和处理者。

■ 个人参与数据应用和价值创造过程。在传统环境下，个人提供数据的授权，但并不参与数据的应用，而在数字化环境下，个人不仅能够参与数据的应用，也能理解数据是如何被使用和创造价值的，在许多情况下，个人也是数据应用的直接受益方。

■ 个人数据应用的策略变得更加开放。从原先关注如何最小化对个人的风险转到在保护创新和促进经济增长之间寻求平衡。

这些变化促进企业更长远地思考服务营销中的数据应用，同时也引发人们对于数据隐私管理的更多关注。

个人数据应用生态

个人数据应用的生态随着数字化发展而变得更加成熟。如同银行对于贵重物品保管提供保险箱服务那样，未来也会出现提供个人数据存管服务的机构。在传统环境下通过多种来源数据的分析判断而形成个人信用评分、价值分级等至关重要的个人信息，也会通过互联网实现连接、访问和分享。

如图 11-3 所示，当发生个人数据信息查询的需求时，服务机构在用户授权的情况下向个人数据存管机构发起个人数据查询的连接请求，由个人数据存管机构向连接的相关数据源机构发起请求，掌握数据源的机构以数据移交的方式向个人数据存管机构返回查询结果，再由个人数据存管机构审核、脱敏和汇总后返回给数据请求方。

图 11-3　个人数据的应用生态

以未来的二手房交易为例，一方面购房人希望了解待售房屋的具体状况，另一方面售房人需要了解购房人的个人资信情况。在房主和购房者授权同意的情况下，未来的房产中介作为数据请求方发出数据查询请求，中间的代理机构向拥有数据源的机构提交这些查询请求，能源公司返回待售房屋水、电、气使用的历史记录，物业公司返回待售房屋的状态和维护记录，银行返回购房人的资信状态，这些信息促进购房人和售房人更加快速地达成交易。

智能化服务与营销

不断丰富的数据、持续增长的连接和日益强大的计算能力促进数字技术的应用迈向智能化，与此同时，越来越多的新技术和应用为未来的商业发展带来了变革的驱动力。

- ■ 生物识别技术

- ■ 云计算技术

- ■ 区块链技术

- ■ 机器人技术

- ■ 可穿戴技术

- ■ 人工智能技术

- ■ 认知计算技术

- ■ 自动驾驶技术

......

这些创新技术的应用促进了产品、业务和服务的创新，驱动着全新的商业模式变革，促进了营销、服务和体验形态的转变。无论是与人们社会生活息息相关的生活消费、金融服务、交通运输、教育科技、健康医疗等产业，还是主要由政府部门提供的公共服务和社会服务，都面临着转变。

智能分析

随着人工智能技术的兴起，在结构更加完整、产生更加快速和融合更加容易的数据环境下，基于机器学习算法的智能分析技术能够提供更有价值的服务。以金融服务行业为例，一些原本由受过专业训练的分析师提供的专业服务受到了人工智能分析应用的冲击。

- ■ 市场分析预测。一直以来，金融市场预测都不是一件容易的工作，依赖于有经验的分析师对大量市场交易数据的统计、建模和分析来做出预测和建议。从实际情况来看，专家分析师对于股市的预测准确率并不比瞎猜更高，菲利普·特德洛克（Philip Tetlock）在 2005 年发表的一份研究成果就提示了这样的现象。随着金融市场的复杂度不断增高，影响市场趋势变化的因素更加多样和多变，在这种情况下，机器学习在处理多元的影响市场变化的海量数据和实时计算上具有人类不可比拟的显著优势，使得人们利用人工智能技术帮助实现对市场趋势更为准确和及时的预测成为可能。

■ 机器人投资顾问。投资顾问向金融投资者提供理财产品配置和投资的建议，一向被视为高度复杂的专家工作，往往需要受过多年严格训练的专业人士才能从事和胜任。现实情况是，面对市场上动辄数以千计的各类基金和理财产品，大多数投资顾问在对如此众多的产品进行全面地理解、分析并提供针对性的建议上已经不堪重负。既然绝大多数投资收益都来自于成功的资产配置，那么利用人工智能算法来对市场上的金融产品进行分析并提供配置组合建议就是可能的。美国在智能投资顾问软件方面的研发投入仍在快速增长，由机器人理财顾问管理的理财产品运作规模不断增长，涌现出以 Wealthfront、Betterment 为代表的提供智能投资顾问服务的公司。美国富达基金于 2016 年 7 月推出了 Fidelity Go，根据用户对一系列问题的答案，采用机器学习算法和人工相结合的方式来为用户推荐投资组合。也许将来的某一天，机器人投资顾问将会替代普通的投资顾问，向投资者提供更加经济、简单和快速的投资理财服务，从而让更多中、低收入阶层的人们能够得到投资理财服务。

智慧服务

得益于更加全面和实时的数据、更加丰富的内容信息和更加智能的交互技术，越来越多原先依赖物理环境设施和人员交互的服务场景将转向数字化，随着自动化服务交互应用的成熟，用户更加自主地参与到服务过程中，未来的服务模式也因此而变得更加实时、简单、高效和智能。

- 智能机器人服务。在大多数情况下，人们请求人工服务的目的只是为了获得某些特定的信息，或者需要客户服务代表参与进行身份验证和账户查询。随着人工智能技术在身份特征识别、文本信息交互和智能语音交互领域的应用逐渐成熟，机器人服务在许多方面的应用不断超出人们的想象。可以预见，在线数字化互动将主要由机器人服务来承担，传统电话联络中心的人工服务响应也将会大半由智能客服机器人实现语音交互响应和多媒体应答，即使是现在物理环境现场的人工服务也会由功能不断完善的服务机器人和智能设备支撑的自助服务代替。

- 智能化银行服务。随着数字化渠道对银行网点实体服务替代率达到95%，甚至更高，绝大多数情况下，客户不再需要亲自前往实体网点办理业务，必须去网点办理的业务变得越来越少。未来，人们通过银行提供的移动应用就能知道哪些业务才需要到营业网点去办理，并且能够在线进行服务预约并按预约时间前往网点，银行也在客户预约后触发所需的内部流程，这大大减少了在网点现场的服务等候时间，同时提升了客户和银行的效率。与此同时，银行基于数据的积累建立起对客户更为全面的理解，将量身定制的金融服务以智能化的方式推送给客户。

智能体验

数字化技术不断产生新的客户交互场景，促进新的产品和服务形态的出现，带来了创新的客户体验。随着数字连接技术的发展和智能穿戴设备的广泛应用，不断会有更多的体验场景进入人们的生活。

- 智能健康管理。健康管理一直是听起来很美好但实现起来很难真正落地的一个倍受大众关注的领域，数字化技术为真正有效地改变公众健康管理的现状提供了实现的可能性。结合可穿戴技术和云计算技术支撑的云服务，人们能够通过智能传感器将实时产生的人体特征和健康状态数据连接至互联网，获得机器人健康顾问实时的健康状态评价与健康管理建议，根据数据反应的健康状况发起及时的医疗干预。这些数据能够与家人、健康顾问和家庭医生进行共享，形成连续和完善的健康行为档案，实现健康管理的投资回报量化分析。

- 智能出行服务。出行是人们社会生活的基本交通需求，对于中国这样的人口大国来说，出行之难、体验之痛影响着亿万人。基于生物识别技术的智能身份识别应用不仅能够代替传统的身份证件识别和密码验证管理，还能在人们交通出行时提供更多的体验便利。未来的人们不需要重复出示证件就能够在智慧机场实现自助办理值机、快速通过安检、自助验证登机等过程，机上娱乐系统会按照你的偏好进行自动设置，乘务员不需要提前询问就能为你送上喜欢的饮品和餐食，到达目的地时会向你提供智能地图引导，当你的行李出现在传送带上时能够提供自动提醒。当然，你的这些出行过程也会被自动记录下来，以改进下一次的出行体验。

智慧营销

数字技术应用带来了新的营销思维，促进了营销方法和营销工具的升级。一方面，移动互联和社交媒体带来了连接红利，客户的接触和交互产生了大量的行为数据，更多的营销能够通过客户交互式参与的方式来实现；另一方面，智能技术的应用使得实时洞察客户的行为与即时满足客户的需求变得可能，营销更加关注如何在为客户创造价值的基础上实现商业价值。

- 个性化定制保险。基于使用的保险 UBI（Usage Based Insurance）是根据用户使用情况使用个性化保费的一种保险，最早应用于车险的定价创新。

汽车保险公司根据客户的驾驶习惯，通过风险评分模型匹配差异化的车险条款和车险费率。对于拥有良好驾驶习惯的客户提供更加优惠的车险费率和相应的增值服务计划，不仅能够提升低风险客户的车险体验，同时能够促进低风险客户续保忠诚度的提升。这源于汽车保险的营销创新，未来将会逐步渗透到人寿保险领域，应用于寿险客户的定制化健康管理和个性化忠诚维系。

■ 智能化应用交互。应用预测分析技术实现的智能推荐是在线电子商务领域最普遍的应用之一，未来自动化推荐的服务场景将从线上延伸到线下。海尔集团 2016 年发布了下一代智慧生活平台，未来的智能家居设备能够实现互联互通、内容交互和服务共享，与用户生活场景实现触发式联动，智能化的产品将会知道你需要什么、什么时候需要，并且自动触发后续的流程。海尔的智能冰箱根据人们的生活习惯和健康数据自动推荐食谱，自动发起生态价值链上的商品订购和配送流程。

大数据和机器学习算法的快速发展，缩短了人工智能走向现实应用的路径，我们正在迈向数据智能时代。社会商业从单向的产品设计、营销传播和服务提供变成以人机互动为主的方式。数据成为驱动人工智能应用的核心基础，企业利用获得的数据不断迭代优化产品设计、创新营销交互内容、优化服务交付方式，向人们提供更适合的产品、服务、内容和体验，这一过程将变得更加数据驱动、更加实时、更加智能、更自动化。

进入数据智能时代，我们所有的行为习惯以数据的形式连接入网络，最终这些数据通过人工智能驱动的产品和服务改变我们自己。

参 考 文 献

[1] Don Peppers, Martha Rogers. Managing customer experience and relationships: a strategic framework, 3rd edition. Published by John Wiley & Sons, Inc., Hoboken, New Jersey. 2017

[2] Philip Kotler, Hermawan Kartajaya, and Iwan Seiawan. Marketing 4.0. Published by John Wiley & Sons, Inc., Hoboken, New Jersey. 2017

[3] Don Peppers. Customer Experience: What, How and Why now. Published by TeleTech, USA. 2016

[4] Nick Mehta, Dan Steinman, and Lincoln Murphy. Customer Success: How Innovative Companies Are Reducing Churn and Growing Recurring Revenue. Published by John Wiley & Sons, Inc., Hoboken, New Jersey, USA. 2016

[5] Mike Grigsby. Advanced Customer Analytics: Targeting, valuing, segmenting and loyalty techniques. Published by Kogan Page Limited, USA. 2016

[6] Antonios Chorianopoulos. Effective CRM Using Predictive Analytics. Published by John Wiley & Sons, Ltd, United Kingdom. 2016

[7] Gary Angel. Measuring the Digital World: Using Digital Analytics to Drive Better Digital Experiences. Published by Pearson Education, Inc. 2016

[8] Bill Price and David Faffe. Your Customer Rules!: Delivering the Me2B Experiences that Today's Customer Demand. Published by Jossey-Bass. 2015

[9] Epsilon Data Management. Igniting Customer Connections: Fire Up Your Company's Growth by Multiplying Customer Experience & Engagement.

Published by John Wiley & Sons, Inc., Hoboken, New Jersey, USA. 2015

[10] Bruce Loeffler and Brian T. Church. The Experience: The 5 Principles of Disney Service and Relationship Excellence. Published by John Wiley & Sons, Inc., Hoboken, New Jersey, USA. 2015

[11] Omer Artun, Dominique Levin. Predictive Marketing: Easy Ways Every Marketer Can Use Customer Analytics and Big Data. Published by John Wiley & Sons, Inc., Hoboken, New Jersey, USA. 2015

[12] Ira Kaufman and Chris Horton. Digital Marketing: Integrating Strategy and Tactics with Values. Published by Routledge, USA. 2015

[13] John S. McKean. Customer's New Voice: Extreme Relevancy and Experience through Volunteered Customer Information. Published by John Wiley & Sons, Inc., Hoboken, New Jersey, USA. 2015

[14] Russel Brunson. Dotcom Secrets: The Underground Playbook for Growing Your Company Online. Published by Morgan James Publishing, USA. 2015

[15] Sangeet Paul Choudary. The Platform Scale. Published by Platform Thinking Labs Pte. Ltd. ,USA. 2015

[16] Jeanne Bliss. Chief Customer Officer 2.0: How to Build Your Customer Driven Growth Engine. Published by John Wiley & Sons, Inc., Hoboken, New Jersey, USA. 2015

[17] Brian Solis. X: The Experience When Business Meets Design. Published by John Wiley & Sons, Inc., Hoboken, New Jersey, USA. 2015

[18] （美）苏尼尔•古普塔，（美）唐纳德•R.莱曼. 王霞，申跃译. Managing Customers as Investments the Strategic Value of Customers in the Long Run. 客户终身价值：企业持久利润的源泉. 北京：电子工业出版社，2015

[19] （美）戴夫•埃文斯，（美）乔科•瑟尔. 姚军等译. 社会化客户体验：用社交媒体吸引和留住客户. 北京：机械工业出版社，2015

[20] Sitecore Corporation. Connect: How to Use Data and Experience Marketing to Create Lifetime Customers. Published by John Wiley & Sons, Inc., Hoboken, New Jersey, USA. 2014

[21] John A. Goodman. Customer Experience 3.0: High-Profit Strategies in the Age of Techno Service. Published by American Management Association. 2014

[22] Chris Skinner. Digital Bank: Strategies to Launch or Become a Digital Bank. Published by Marshall Cavendish Business, Singapore. 2014

[23] Hank Brigman. Touchpoint Power. Published by William Henry Publishing, USA. 2013

[24] Andrew Polaine, Lavrans Lovlie, and Ben Reason. Service Design: From Insight to Implementation. Published by Louis Rosenfeld Media, USA. 2013

[25] 史雁军著. 客户管理：打造忠诚营销价值链的行动指南. 北京：清华大学出版社，2012